書見

The Bookseller's Point Of View

30位独立书店者说

雅倩◎主编

金城出版社
GOLD WALL PRESS
北京

图书在版编目（CIP）数据

书见：30 位独立书店者说 / 雅倩主编 .—北京：金城出版社，2019.6
ISBN 978-7-5155-1825-1

Ⅰ. ①书… Ⅱ. ①雅… Ⅲ. ①书店—介绍—中国 Ⅳ. ① G239.23

中国版本图书馆 CIP 数据核字 (2019) 第 029811 号

书见：30 位独立书店者说

主　　编	雅　倩
责任编辑	雷燕青
开　　本	880 毫米 ×1230 毫米　1/32
印　　张	9.25
字　　数	200 千字
版　　次	2019 年 6 月第 1 版
印　　次	2019 年 6 月第 1 次印刷
印　　刷	三河市百盛印装有限公司
书　　号	ISBN 978-7-5155-1825-1
定　　价	58.00 元

出版发行	**金城出版社** 北京市朝阳区利泽东二路 3 号　100102
发 行 部	(010) 84254364
编 辑 部	(010) 84250838
总 编 室	(010) 64228516
网　　址	http://www.jccb.com.cn
电子邮箱	jinchengchuban@163.com
法律顾问	北京市安理律师事务所 （电话）18911105819

南昌青苑书屋

青苑

始于1992

人·阅读·岁月

桂林众目书店

ZM - BOOK

Sincere Reliable Quality

温暖的众目一直陪伴大家共同成长

无锡百草园书店

百草園

阅读是最美的姿态

重庆精典书店

精典書店
Clessence Bookstore

读书是个人的事，但让你遇到好书，是精典的事

乌鲁木齐左边右边书店

对立统一的生活哲学，可以成为朋友的书店

西安万邦 关中大书房

万邦书店
WANBOOK STORE

在最浩瀚的文字海域中，提供细枝末节里非惯性的生活表达

杭州纯真年代书吧

纯真年代

西湖边的文化客厅

宁波枫林晚书店

让心灵回归纯粹而丰盈的精神家园

郑州城市之光书店

城市之光

Reading · Thinking · Listening

与一种生活方式的相遇

深圳尚书吧

旧时月色，新派书香

北京彼岸书店

彼岸書店
Be Ark Bookshop

阅读美于心

本页图片摄影：《人民画报》摄影师　陈　建

厦门小渔岛旧书店

一座旧书的岛屿

洛阳想像书店

给思想插上想像的翅膀

合肥保罗的口袋书店

保羅的口袋
PAUL'S POCKET

每一个阅读的人都拥有魔法

上海MeLibrary&小茶书园

ME LIBRARY
概念書吧

每个人都是一本有故事的书

青岛繁花·我们图书馆

繁花·我們圖書館
FLOWER HOUSE OUR LIBRARY

繁华年代的最后一抹光辉，人文岛屿的最后一处锚地

苏州慢书房

SLOW TIME

慢 書 房

繁华静处遇知音

眉山咸鱼贩书

SALTEDFISH BOOKS 咸鱼贩书

One book you read,one ocean you take

等待故人归

武汉境自在书店

書店

since 2014

用生活感悟读书，用读书所得生活

常州大热书馆

大熱書館
i'Reading

塔顶的星子还在，巍峨还在，长空的蔚蓝亦还在，我乃拾级而上

广州1200bookshop

1200bookshop

GUANGZHOU

为一座城市点燃一盏深夜的灯

包头留神书店

留

我没有见过神，我只见过低下头的人

北京甲骨文·悦读书店

甲骨文·悦读

书BOOK · 礼品GIFT · 咖啡COFFEE · 餐点MEAL

所有人的后花园

珠海21h书店

一天只有21个小时，剩下的3小时是用来沉思的

杭州吾南书舍

吾南书舍

守望文化流播与交融

上海之禾空间

ICICLE
SPACE
之禾空间

邀您一起归于书卷

太原岛上书店

Island Book Store
島上書店

别害怕，在岛上已人声鼎沸

潮州三更书店

三更·书店
SanGeng Bookstore

修一方天地，许你不思远方

成都读本屋

讀本屋

阅读本可拨开迷屋

广州马赛克书店

Callme MOSAIC™
马赛克书店

用马赛克搭建你的理想国

推荐序 1

书店不死

田　原　原西西弗书店董事副总经理
原本一生（北京）商业有限公司创始人
《书店之美》系列作者

生死轮回，峰回路转，奄奄一息的书店现下成了热门的话题。

肯定是因了我的古旧，才会觉得这轰轰烈烈的热闹与书店的性子总是有一点隔膜疏离。书店，可以风花雪月，也可以夕阳秋影；可以小桥流水，也可以西风残照。繁华也罢，落寞也罢，总该不脱离一个“静”，这才是书店的本分。

十多年的青春啊，日日都在书店里过去，一日，一日，又一日。偶然一想：也不知道我的青春是否因此染了半点书香，是不是虚度……

窗明几净，好书满架。沏一壶茶，展一卷轴，听一炷香，落一行字。

书店，本是正净之处，见不得喧嚣，只愿意安安静静地过自己的日子。现在，却不料飘在万丈红尘里翻转起来。话题，竟又是书店的起死回生。

生住异灭，本身生命流转的常态，但是生的惯性又最见不得死的关头。生龙活虎的人病了，会说不如死掉拉倒，二十年后又是一条好汉云云，这是因为自知不会死的。到了大家都说书店不死的时候，才是讳莫如深真的知道——书店恐怕真的会死掉啦。

书店之死，竟让我们都感到惊恐、惋惜、遗恨——何以故？

每一个少年人，都曾经从书店一排一排静谧安详的书架中穿行过。岁月杳然去，却顾所来径，如风入松，如梦入空，青春梦想的嫩叶新枝永远地留在了生命的路旁那一间书店里。

青春注定走向成熟，理想往往也未必成为现实。但是谁又能容忍理想的死去，让没有梦的人生变得失血苍白呢？焦灼、挣扎、辗转、抢救，其实都于事无补，书店有自己的路要走，犹如梦想有自己的坚韧要留。

书香有自己的命，在红尘滚滚时沉寂，在静照自观中缓缓苏醒。书店是命由心生的物种，只要人间还有梦想，书店的新苗就会如青春一样昂头吐绿，重新破土而出。

新陈代谢，物种绵延不绝。在一个变革的时代，书店要跨越生死，去寻找自己的转世轮回。于是，我们看到传统的书店憔悴枯萎凋零去，又看细小青葱的新生代书店在晨光中初现，轻吐芳华。

书店复苏，时代给予书店人一次复活绽放的机会，可以感叹何幸如之！也要知道希望的另外一面，其实是坚持！

开一家书店，似乎代表着一种根深蒂固的梦想，引导着不同年代不同身份的人们从现实的蝇营狗苟、跌跌撞撞中抬起头来，眺望诗和远方。

冬去春来，草长莺飞，书店也是杂花生树，各生精彩。虽然面目不同，路向各异，但是做书店的人，终究还是万法归一。

我还是从他们的每一字、每一句中，读出了根植于内心的坚韧。

可以尽此一生，做好一家书店，为自己的生命作证。可以看见我们来过这个世界，寻得了自己的道路，践行了这道路。哪怕是最偏僻的书店，最微弱的灯光，也都有书店人发自内心的光芒。

我们的生命如樱花怒放，旋即飘零。在这偶然、短促、有限的生命历程中，我们是否曾经勇敢地不计得失，去做过一次自己？

我丝毫没有鼓动大家都去开书店的热诚，因为一路走来，深感其中的艰辛和不易。

然而店主们的文章之所以值得去读，是因为在这些风格各异、参差不齐的字句中间，你却可以看到一种共同的对自我生命的珍视、对存在价值的思考、对人生道路的抉择、对心灵的自我历练。

书店的理想，是每一位店主的诗和远方，是他（她）们生命皈依的所在。作为读者的我们也因此值得去考虑，去寻找自己的诗和远方，去找到自己的朝圣路，成为一个我。

书卷是我们心底的山河，书店是尘世唯一的天堂。

理想不灭，书店不死。

微斯人，吾谁与归？

推荐序 2

独立书店与有灵魂的人

孙　谦　资深书业人

全国中小书店联盟发起者

知道雅倩在筹划第二本书，是一年前了，那时我问她，为什么不和我约稿啊？她很委婉地说："已经截稿了呢。"

直到2018年10月前后，我离职后开始独立书店联盟的创业之路，她又找到我说："谦姐，我想请你帮我为新书写一篇序。"先于广大读者看到书里的内容，真是一件幸事。书中的独立书店创始人或经营者，有许多是生活中的朋友，有些甚至是密友，读他们描述书店的诞生、经营以及感悟的文字，又与平时一起聊天吃饭不同，文字记录的是书店的岁月，亦是他们的梦想。直到此刻，我才明白，为什么一年前雅倩不需要我的文章！因为，拿工资的书店职人，永远不会了解独立书店人的痛苦，也永远不会感受到独立书店人的欣喜。

想开一家好的独立书店，需要很多条件，比如我们常说的要有钱、要有闲、要吃苦、要耐劳……其实，我想说，要想开好一家独立书店，首先老板必须是一个有灵魂的人，这个有趣的灵魂要做到以下几点：

平和

想开书店大抵是因为自己是一个爱书人，希望“我闭南楼看道书，幽帘清寂在仙居”，又或者希望“谈笑有鸿儒，往来无白丁”，若是打着这样的算盘开一家书店，恐怕是要失算的。因为一旦开了店，不可能再“闭南楼”“无白丁”，你必须开门迎客，童叟无拒，处事不惊，待人平等，不急不躁，热情好客。

分享

店开了，就要有固定的营业时间，无论是中午12点才开门下午3点就关门，还是一天24小时不停业，一旦固定了营业时间，就必须坚持按规定运营，一年365天，天天如一日。仅靠老板一个人，是万万行不通的。所以，老板一定要分享，愿意把自己的知识和经验分享出去，愿意带新人，不能怕员工学完就跑，世界上多几个懂书爱书的人，不是很好吗？我曾和朋友们说，培训员工也许不能留住员工，但会让员工永远感恩。至今，我最感恩的就是在PAGEONE的7年，永远感谢我的老板和老师们。

交友

把每一个来书店的人，都当作朋友；出门探店时，积极和其他书店的同行交朋友。在今天的碎片阅读时代，能花时间到一家独立书店来的人，一定是极爱书的，或者有所求的，要么是你的读者帮了你，要么是你帮了你的读者。无论哪一种，你们都是彼此的贵人，与贵人交友，何乐而不为？而与书店的同行交朋友，更是好处多多，不仅可以时常交换最新信息，而且可以一起吐槽，如此这般，开起店来就不会觉得那么累了。

整合

书店作为一个信息中枢，每天来店里的人不一样，可以搜集整理很多不同的信息。每天的整合工作，让书店的空间充分发挥社交的作用，帮助读者们互相引荐，也许就能促成大家的合作，同时大家不仅不会忘了你，而且更会常常光顾。店面，也更有人情味。

放手

书店，其实说专业非常专业，没有三五年的积累，很难开好一家书店，但反过来说，其实也不专业，任何人都读过书，哪家书店又敢说，自己店里的书，是大家都没读过的呢？所以，店主要敢于放手，给员工、读者参与店面经验的机会，让自己可以抽身出来做更多新鲜有趣的事情。

开创

独立书店，无论如何发展，都要想想，未来不变的是什么，我们立足这一点,去做我们能做的事情,其实就够了。我认为,未来十年,不变的，仍然是大家对知识的渴求。做书店的人，不妨问问自己，能为这一点，提供什么样的服务，从而开创一片新的天地。

书店，未来会走向哪里，或许我们都只能等将来给出答案。唯一不变的，是我们这些做书的人还在，我们的灵魂和精神还在，只要有我们，就有书店的未来。

推荐序 3

那些会一直亮着灯的书店

刘琼雄 荒岛图书馆发起人

不久前，我碰到了一个我梦想中的书店，是美国波士顿的阿默斯特的 AMHERST BOOKS。它突然成为我的梦想书店其实也没什么特别的原因，就是当你看了许多炫炫的书店之后，觉得这个书店很纯粹，也很传统：书是这里真正的主角，并没有饮料服务或什么文具产品等；地上一楼卖新书，地下一楼卖旧书，最基本的沙发，一个可以爬上去拿书的梯子，然后就是满满的书架和满满的书。

我是那种看到书架前的梯子就不能自已的人。我曾经开过的第二个“荒岛图书馆”店里，就有一个 3 米多的高高的书架，前面永远放着一个漂亮的木梯子。那种要把书堆得高高的，然后通过梯子去取的感觉，从来都是让我很有满足感的。

在《书见》这本书里，你首先会认识到好多个在中国城市里仍然开着书店的人。借用近年在实体经济很流行的一个词“新物种”来形容，他们也是一批奇怪的“物种”，就像总也打不死的小强，固执地、前仆后继地在城市里存在着，并且总是露出憨厚的微笑。好多次都有人预言，传统书店要消失，却又不得不发现原来在实体商业空间的生命周期里，最先复活、最有创新潜力的还是书店。书店肯定不是利润最多和成长最快的实体经济，却总能成为这些奇怪“物种”热爱投入的方向，一定有什么原因。我倒觉得当前的书店空间的热度，与书店能给运营者带来更多的个人创新有关。

话说回来，我依然对过度设计的书店空间保持警惕，以及对书店里开展非书业务持保留意见。我认为，书店不是普通卖场，书店不能追求人流量和换台率，真正的书店也不是为了畅销书而存在。

是的，现在有了网上书店，一本畅销书已经可以通过线上销售实现利润最大化，我可以分享一个数据：2017 年线上线下都排名第一位的虚构类畅销书《解忧杂货店》，在实体店的销量是 507 500 本，网上的销量是 1 825 516 本，可见线上销售量是实体店销售的 3 倍还多。

那么，互联网时代的实体独立书店到底是什么？关于这个问题，我其实很认可书中太原岛上书店童雪倩写的一段文字，且摘录分享：

“你知道我最喜欢书店什么时候吗？不是人们拿着相机拍照闪光灯亮起的时刻，不是拿着各种产品排队结账的时刻，而是天色已晚临近打烊，暖黄色的灯光安静地照亮零星几个人手上的书本，然后你看他明知道要打烊却坚持到最后一秒钟，灯光彻底暗了，才依依不舍地放下手中的书，再回头反复确认是哪本书的哪一个页码，在哪一个书架。每每看到这样的时刻，我会在最后一盏灯下站立，目送最后一位客人的背影，看着空无一人的书店和每一本在书架上的书，安逸到常常会想‘就这样吧，够了’。”

这段话又让我想起日本的松浦弥太郎在写他的书店COW BOOKS时的一段话：

“这里一带晚上人少，所以我们打烊后也会留着灯。这样，这条路上就有了安全感。现在在东京，说到key station，大家只能想到便利店，这样就太没意思了……书店存在的意义不只是卖书。最重要的是跟周围产生关联，努力成为社区所需要的一分子，让自身具有社会性。书店占着这块场地，我们希望对大家有用。具体来讲，可能是店员的微笑、打扫、给别人的帮助，等等的Hospitality（殷勤款待）。”

以上这两段话，我认为真正的书店人一定都会在内心感触到的，也许这也正是这些奇怪“物种”一直能活下来的原因。

祝各位找到你爱的书店，并且坚持去书店贡献你的体温。

目录

所有书店按开业时间排序

书店信息更新至 2018 年 12 月 31 日

前言

雅 倩

在过去的十年间，书店竟然逐渐变成了我生活的主题。

2013 年《中国独立书店漫游指南》的出版，对我来说是一种尝试，也是一个契机，让我有机会拜访更多的书店，认识更多做书店的朋友。在这些年的走访中，一家家书店逐渐从陌生变得熟悉，看着这些书店的变化，有欣喜，也有遗憾。认识越多的书店人，了解越多的书店故事，我就越期待这些店主可以写下自己的心声。

我本来是个内向又寡言的人。然而，这些年在走访书店、和书店人的接触中，我竟然慢慢变得健谈起来。每到一座城市，我总喜欢去找当地做书店的朋友们聊天。时间久了，我们有时也会探讨很多书店经营以外的问题，就像老朋友那样，聊聊各自最近的生活。正是这样的闲谈，才让我看到了每一家书店最吸引人的与众不同之处，那种带着店主人格精神的魅力。

如今想来，这些年我的生活轨迹，也是因为书店，在不经意间发生了改变。记得，2014 年的春日，我去杭州拜访纯真年代书吧的朱锦绣老师。那日午后，我们坐在书吧露台的躺椅上，眼前满是翠绿的山林，远望即是西湖。整个人有些慵懒，我听朱老师讲着自己过去的故事，也和她聊起自己今后的打算。也就是在那一刻，我似乎突然找到了关于未来生活的答案。

在这些年的漂泊中，不同城市的书店似乎变成了唯一让我感到心安的地方。所以，与其说自己爱书，不如说更爱书店；与其说自己想开一家书店，不如说愿意看到有更多更好的书店出现。也许正是换了一种方式，实现了我的理想。

很荣幸关于《书见》，我的策划和想法得到了金城出版社的支持。感谢各家书店的大力支持，即便没有按时交回稿件的书店，也都对我们做这本书的努力表示支持和鼓励。更要感谢所有提交稿件的书店，在沟通过程中对我的理解和对稿件不厌其烦地修改，每个作者都是在忙碌的工作中，抽出时间完成约稿，有几位甚至是熬夜来写稿的。一个人的力量是有限的，感谢在整个组稿过程中，对我提供过帮助的朋友们。感谢十年来，书业里每一位提携教导过我的前辈。

每一个书店故事的背后都是一段五味人生。这其中的苦与乐，往往是冷暖自知而少与外人道。时光匆匆，既然有这样一群人选择了与书为伴，我希望他们的故事能被更多爱书人了解，而这也是我策划主编这本书的初衷。

这本书只是一个开端，期待有更多的书店，可以记录下属于自己的故事，留给自己，留给读者，也留给时间。

01

青苑书店的前世今生

万国英　南昌青苑书店创始人

青苑书店的前世今生

每个独立书店人创办书店的原因，具体说来可能有很多，但归根到底，都源于一颗爱书的初心。

20 世纪 90 年代初大学毕业以后，我在南昌的一家青年报社工作。那是我的少女时代，也是纸媒的黄金时代。尤其是青年报社，有着一种由文学青年、启蒙情怀等交织起来的浓郁的读书氛围。身处其中，买书藏书，读书谈书，早先深埋在我心中的那颗爱书的种子，更是一点一点地生长，无法抑制。对于自己与图书将来要建构起的亲密关系，一天天变得清晰、明朗。恰好在那个人生最曼妙的时期，我遇见了后来成为我先生的王建明——当时他正在南昌与报社合作小小的图书项目。那时，社会还习惯于以“书商”一个带有商业味道的称呼，来定义像他这样的一个群体，还没有人意识到民营书商对于今天这个时代精神建构的重要性。就这样，时代的氛围与个人的际遇，让我的人生从此开始了与青苑耳鬓厮磨、甘苦与共的26年，直到今天——看样子，会一直这么走下去。

走过26年，青苑书店由当年的夫妻店，发展到今天成为一家拥有近50名员工的民营书企：有一家批发店，供给与支撑着江西200多家地市县的书店；有一家面积312平方米的零售店，店面曾经三迁其址，先是在江西师范大学老校区门口，再搬到南昌旧书一条街文教路的路口，直到现在迁到南昌知名楼盘金苑名都的一楼。正如一位老读者，当年的出版人，如今南昌大学教授张国功先生在一篇文章中所说：“青苑曾经三迁。虽说一直围绕在彭家桥、师大一地，但十余年间，青苑离大学校园越来越远，离闹市大街越来越远，直到遁入生活小区。这种撤退的路径，几乎就是当下文化生存的象征。”

像大多数命名一样，“青苑”这个店名介于可解与不可解之间，可说与不可说之间。青色的书苑？青涩的书苑？青春的书苑？清纯的书苑？理解有很多，或者是一种自我期许，或者是一种自我暗示。总之，请大家记住她就好了。对于我来说，我更在乎的是，怎么样通过自己一点一点地努力与坚持，来经营她、呵护她，让她变得成熟、有内涵、可持续，让她赢得社会的礼遇与尊重。

书店与城市文化

说到底，独立书店，是城市文化的细胞。

青苑所在的南昌，是一个典型的内陆二线城市，一个文化低洼地带的城市，一座更多被贴上喧嚣无序标签的城市。但在 20 世纪 90 年代，南昌一度是中国独立书店崛起、民营书店发展的先行者与样板城市。以席殊 3S 书店为代表的民营书店，将民营书业搞得风生水起。40 岁以上的读书人，大多记得当年的席殊书屋及其在全国刮起的旋风。

正如女诗人席慕蓉所说："欢乐总是乍现就凋落，走得最急的都是最美的时光。"书业终究是脆弱的行业，文化的扩张，很快遭遇到商业的重创与时代性的阻击。席殊书屋，很快从莽撞地出征全国到大面积退守，到如今只剩下南昌一家店面维持着残局，保存着"席殊书店"的记忆。出师未捷身先死，这种猝不及防的结局，难免令普天下读书人、爱书人唏嘘长叹。

但是，不管如何，作为同城与同行，除了对那个书业黄金时代的一缕回想与感伤，仍然要向席殊先生致以敬意——学术人家云集的讲演，至今仍为人所乐道的《好书》内刊，风起云涌的加盟店，等等。至少，当年的席殊书屋，以一种前所未有的勇气探索了民营书业、独立书店在一个商业时代的多种可能性，也开始了以书店文化激活城市人文生活、通过图书塑造城市美好生活的历程。这对于一座文化空气相对稀薄的内地二线城市来说，有着一种毋庸置疑的意义。这，一直给我与青苑很多思考与启迪。

简单地回顾，大概从十年前开始，当文化产业、网购、虚拟经济、城市扩张、碎片化阅读等新潮的东西开始越来越深度地影响我们的阅读生活时，青苑一方面以稳健的商业理性赢得自己的生存空间，另一方面又在这种时代性的剧变中，不断地追问自己的存在价值，开始认真地考虑如何建立书店与南昌这座城市的有机关联，慢慢地学会参与建构城市的文化生活。可以说，这是青苑的文化自觉。

今天，我们习惯于以各种美好的名称来定义独立书店，比如说：读书人的一个梦，城市的一种生活方式；一座城市呈现文化生态的窗口，为市民提供一间理想的书房；城市的文化管家，城市的精神家园；甚至是自由社会的基石，等等。这些奠基于商业泥沼而又超越理想云端的种种说法，其实都寄托着我们一种自我的价值认同，那就是：独立书店不仅仅是商业，她应该有所不同；至少，她应该有一种精神内容，至少，她应该为所在的城市贡献点什么。

正是抱着这样的想法与思考，青苑在慢慢地努力。

近年来，青苑举办了 130 多场公益性的书友会。嘉宾年长者，如 95 岁的学者刘世南先生，年幼者如青春年少的小鹏；大多来自大陆，也有从台港来的学者，甚至还有海外远道而来的爱书者；涉及的论题，更是林林总总，胜义纷呈，既有学理性、知识性、学院式的探讨，也表达了公共性、社会性、当下性的关怀。在南昌，毫不夸张地说，青苑书友会这些活动，比诸多大学高校的活动还要丰富、出色得多。尤其值得说明的是，青苑将每期讲座的活动进行录制，现场直播，发布网络，供更多的书友分享交流，建构起了一个巨大的文化学术交流空间。

青苑结合江西本土的文化资源，打造了景德镇陶瓷系列、海昏侯、八大山人和南昌老照片等特色文化品牌。我们专门创办了以江右文化为中心的内部刊物《豫章》，邀请出版社编辑、大学教师等担任编辑。杂志为季刊，大16开，厚厚的8个印张，以“特辑”“故实”“旧事”“乡土”“故纸”“图志”“文津”“雅艺”“市井”“书林”等栏目，大量刊发以江右文化、书业为主题的精美文章，以此整合江右文化资源，讲好江右故事，为南昌的读书人提供一份观察乡土的资料与平台。

在今天，有出版社在青苑进行重点选题现场论证会，青少年社团在青苑进行征文颁奖，知名的语文老师入驻青苑开展公益性的人文导读，还有高校的出版硕士以青苑为个案撰写学位论文，来探讨独立书店的阅读推广……

不少媒体与书友，善意地把青苑称为南昌的文化地标。或许，我们还远远没有达到这一承载人文思想的高度。但是，在人文精神碎片化的今天，青苑一直在自觉地进行着从纯粹的商业经营提升为“书店＋文化”的城市公共空间的悄然转身。青苑身在民间，但我们从来没有放弃社会责任。我们相信，每一次努力地付出，都会润物无声地发生着一些变化，就像一湾清流，青苑在用清澈的人文之源浇灌这个城市的阅读风景，改变着城市稍许坚硬的精神土壤。

说到青苑对南昌这座城市或深或浅的影响，读者张国功总结得真好：“青苑是书店，但又绝不仅仅是书店。对南昌的读书人来说，青苑更是一种生活方式，一份精神姿态，一段成长记忆。”

现在“单向街”工作的萧轶，此前是常常在青苑流连的读者。他曾在《依旧有味是青苑》中说：“一个书店的灵魂，不仅仅是靠书的熏陶，更是源于读书的种子的每一次流连忘返。城市的灵魂，也就在书店的艰难前进中慢慢得到培养和熏陶。”

还有毕业后离开南昌的普通大学生书友，在书店生日时撰文纪念：“一个城市因为有一家独立书店而美丽，一个人因为一家小书店而流连于万水千山中安静的某些角落。青苑，你22岁之际，我们已走向中年人生，少了一些彷徨和迷惘，带着对未来的丝丝憧憬和坚定，我们都需要再次起航。下一个，再下一个22年，青苑，希望你仍然在那儿，等着各处念想并走向你的人们，‘说不定我一生涓滴意念 / 侥幸汇成河 / 然后我俩各自一端 / 望着大河弯弯 / 终于敢放胆 / 嬉皮笑脸面对 / 人生的难’，生日快乐。”

独立书店的坚持、新生与明天

2017年酷热的夏天，青苑闭门数月，进行了书店历史一次最大的装修。重生之际，店门重新开启，青苑以一种完全不同以往的新面貌呈现在读者面前。风格设计是定位在思想刚刚解放的20世纪80年代的基础上，但并不是生搬硬套的拿来主义，我们考虑到那个理想主义时代朦胧的映像，也要兼顾现实主义对商业的要求，当然包括当代人的实际需求等。书店整体设计在略旧的格调上偏于文艺风，舍去了以往理性的硬风格。在书店设计中，我们更注重的是书店与顾客的对话，包含着一切以人为本的思想与态度。例如书架的垂直弧形设计，就是为了尽可能地让顾客在一个高度上看清楚上中下三层的书籍。为了实现这一目的，所有的书架都是按照角度用钢材焊接的，包括所有反重力的设计细节。虽然不能用眼睛直观所见，但隐藏的细节就是为了不动声色地让顾客更好更方便地寻找书籍。在平面设计上，为了配合偏文艺风格的样貌，使用了极简的后现代主义设计风格，利用我们读书时勾画重点的蓝色钢笔水曲线，组合出变幻无穷的无限制曲线来营造整个青苑书店的 VI 基础，并大胆尝试了大块青花瓷立体雕刻瓷板做招牌，非常好地融入整体设计当中。在外部设计方案上，我们刻意营造一个生机勃勃的绿色世界，也希望我们的顾客与青苑的绿色一并成长一并繁茂。同时，我们将书店的升级重点放在了营造舒适的环境，比如椅子、沙发等，打造一种个人书房的感觉。

“却顾所来径，苍苍横翠微。”为什么重新回到 20 世纪 80 年代？在这个缺乏情感、功利化、淡漠的时代，扎根书店本土，做好有价值的服务非常重要。在青苑书店 26 年的经营中，我们和读者的心牢牢地拴在一起。当下的读者选择书店的眼光越来越挑剔，前阵子我和刘苏里等书店老友小聚，发现我们对于 20 世纪 80 年代的感情是一样的纯粹，所以我从这一主题出发，为我的老读者们重新进行了店内设计，怀旧且不缺乏时尚感。除了这一批老读者，我也一直在考虑该如何服务下一代。接下来，我准备进行儿童书店的拓展，目前正在洽谈中，我的标准仍然是保质不求量，做出有深度、有品质的书店。这也正是青苑书店的竞争力。

青苑书店，尽管只有一家店，但其实我们的团队扶持了 200 多家书店。虽然没有冠以“青苑”的牌子，但这些在综合体里的书店，配书、分类等工作，实际都是我们青苑书店的员工在做。

另外，我们的中盘会给这些书店进行图书批发等，同时还会对这些书店进行培训指导，提供书架设计等硬件服务。而我之所以升级改造青苑书店，目的也是想打造一个标杆，制造出一套标准化的东西来指导他们。

曾经到成都参加一次独立书店同仁的活动，主题非常美好，叫作“老城市中的书香留长”。让书香源远流长，是每一个读书人、爱书人的梦想。但在一个市场化的时代，高调的文化情怀需要低调踏实的商业理性来变现与践行。独立书店的明天在哪里？“是谁传下这行业，黄昏里挂起一盏灯？”这些年，历经2010年前后书店大规模的倒闭寒潮，再到书店联盟悲情万分地发起“保卫书店，守望理想”，再经过文化民生利好政策下的回暖，到今天的默默转型与积极探索，关于书店的冷暖悲欢、兴衰浮沉，业界与学术界有着太多的讨论。独立书店人在文化情怀之外，更多地汲取与丰富了一份商业理性与经营智慧。

在今天，国家加大公共文化服务体系建设的力度，需要民营力量的大力参与，是真正的“复兴”还是暂时的逆袭，我们似乎已经习惯了以平常心来对待独立书店的一切变化与可能。升级改造，“书店+”，多元化经营，跨界混营，提供文化体验与服务，参与城市文化公共空间构建……种种探索，我们一直在路上，没有也不会有一劳永逸的终极答案。方生方死，像这个时代的大多数行业一样，独立书店仍然在经历着转型的阵痛期。真正的文化建设者，应该理性地看待时代和市场做出的淘汰与选择，从中突围，在创造中享受快乐。

当代学者余秋雨在《文化苦旅》中有一篇《青云谱随想》，

他开门见山地说：“恕我直言，在我到过的省会中，南昌算是不太好玩的一个。幸好还有个青云谱。”无疑，话语中有着余先生的误解与偏见。

我是一个地地道道的南昌人。对于美好的城市生活来说，独立书店永远承担着一份责任与担当。即使在电子文化阅读时代，实体书店仍然是人民群众不可缺少的文化活动空间，引导城市人文阅读，推动南昌的精神文化成长。

希望有一天，文化人能够由衷地说：“南昌是一个不错的地方，至少，有个青苑书店。”

青苑

始于1992

1992 年 10 月 28 日开业

江西省南昌市洪都北大道 299 号金域名都 1–21 号

02 平凡温情的众目

唐力生 桂林众目书店店主

我和书店结缘是从 1994 年开始的，至今已有 20 多年，最初和二哥接手了一家名为“文艺书店”的租书店，那年我刚好高中毕业。

我们的书店在桂林四会路，位置很好，有很多学生和居民来店里租当时很流行的武侠小说、言情小说和日本漫画，我至今还记得经常有读者一次借几十本漫画，当时算过每天租书量有上千本，是桂林生意最好的租书店。

可惜，好景不长。因为当年的盗版实在猖獗，有关部门开始严厉打击并整顿文化市场，很多租书店因此关门。痛定思痛！我明白了只有做正版图书，书店才可长久稳定地发展。

2001 年，书店迁到地段更好的太平路，面积也大了很多，我也开始了独自摸索书店的经营。

最初，我选择做时下热门的书吧，记得开业前搭火车去柳州进书，看到市场琳琅满目的图书一脸的茫然，不知如何挑选，回到家时已是夜晚，又累又饿。因为当时条件有限，自己的准备又比较仓促，书吧的生意一直不好。

撑了大半年后，我决定转做售书和租书相结合的各类小说、期刊和漫画，这样灵活的租售方式很受大众读者的欢迎，店里的生意逐步好转，回想起来，真是“变则通”。

时光飞逝，2010 年以后，随着网络的普及和电子书市场的兴起，书店的租书受到了很大冲击，同时年轻一代的学生因为消费力增强和学业压力增大更喜欢买书的方式，租书的群体日渐减少，为此我十分焦虑，也采取了很多措施，可惜效果都不佳。

虽然店里的售书情况相对稳定，但我也意识到很多读者对书的品位和书店内的环境有了更高的需求，书店的现状已经无法适应他们的需求。再加上，长年无休的工作也让我身心疲惫，经过反复考虑后，我忍痛决定书店暂时休业，自己也休息一段时间再做打算。

书店休业，看似简单，实则很麻烦。首先是店内的大量图书和物品的处置，我采取新书优价、旧书特价的销售方式，最后大部分的图书都以适当的价格卖出，变现成功。休业最大的难题是，有 800 多位读者共计 4 万余元的租书卡押金还在店里，其中很多是 5 年前的押金，最长的有 15 年。我们先张贴休业通告，然后我和几位店员通过各种可能的方式去联系这些老读者，为了方便大家，我们主要用微信和支付宝来退还押金，半年时间书店退还600位读者共计3万元的押金，遗憾的是还有200多位读者因为电话变更，无法联系和退还。

可能是办卡时间久远，很多读者已经忘记自己的押金，对我们的主动退还感到很惊讶，但更多的是赞赏，之后，他们纷纷来书店购书以示支持。

与此同时，我和合作多年的经销商分批结清了所有书款。花费这么多时间和精力去退押金就是要让老书店体面地正式休业，并保住为之珍视多年的好名声。

休业前，书友们对书店的支持和不舍之情令我感动，至今难忘，这些都给我再开书店增添了极大的信心。

一位书友的出现，提前了新店的开业日程。她中学时期就开始在我们书店买书，读大二时又来店里做兼职，她很懂书而且性格开朗，很受读者的喜欢。共事之后，我发现她不仅聪明有想法，还具备很强的行动力，我们在书店的构想和理念上有颇多相似之处，因此，我们约定今后一起合作开新的书店。

2016年8月底，她在网上看到翊武路有门面出租，一起考察后，我们都很喜欢这里优美的风景和市区难得的安静，第二天就签订了店面合同，由此，新书店的筹备又开始了。

“众目”店名是我确定的，意为“大家关注”，她也请了自己最好的朋友来为新店设计LOGO和装修风格。这位设计师真是有才华有个性，设计的LOGO很特别，巧妙地蕴含了书店和家的双重含义，我们十分满意，并注册了商标。

为保证装修质量的同时又节省开支，所有装修材料都是我们自行购买的。店内的30个书架是朋友吴哥和我熬了几天几夜亲手制作的，这种斜靠式书架是我亲自设计的，既有简洁之美，又方便使用，看到这些高耸的书架，心里总是特别的自豪。

2016年10月1日，众目试营业，书店定位为独立书店，这和老店的风格差异很大，对选书、环境和服务都提出了很高的要求，因此，面临的挑战更大更艰巨。

此时，我的合伙人因为个人原因退出了书店的经营，更是让我倍感压力，她的突然离去严重打乱了书店的计划和节奏，但我不会忘记她对书店的付出和贡献，祝她今后一切顺利。

面对成倍的压力，我曾一度动摇，但多年的开店历练让我冷静了下来，我不会放弃！

就在此时，不少老店的书友来光顾新店，给了我莫大的鼓舞，他们对众目的新貌更多的是肯定和支持。三个月的试业期挺过去了，虽然艰难却意义非凡，我更加坚定了做好书店的信念。

随着新店员的到来，众目开始了平稳的发展，很快一年多的时间过去了，书店发生了很多难忘的事情和悄悄地改变，在此慢慢一一道来。

众目书店内的装修是简约的工业风，挑高的深灰顶上是暖色的灯光，深咖的书架上摆着各类图书，空隙间点缀着书友赠送的绿植和小摆件，加上收来的各式旧物更突显了书店的历史底蕴和家的氛围。

好的旧物是众目的绝配，我选的旧物一般都有“天然材质、传统工艺、年代感”这三个特质。最初，是一位北京胖书友让我意识到旧物对书店的重要性，通过展示和介绍让很多书友看到了这些旧物的价值和审美，也是一种文化的传播，让书店有了更多层次的意义。

刚开始，我对选书很困惑，但经过销售统计和与书友交谈，发现“有品位、有意思、适合大众”的图书是最受读者欢迎的，因此我会重点关注一些名家出版社的社科图书和中国传统文化类书籍，亲自从中选出合适的好书。

“80% 大众好书 +20% 有深度的图书”是一位年长书友的建议，不仅满足了普通读者的选书需求，也大大提升了众目的品位。目前店里的图书种类和品质正在慢慢提升，我们会继续努力。

众目的很多图书都装了定制的书套，既保护了图书，也让读者更方便翻阅，数据证明可以翻阅的图书比塑封的图书卖得好很多，并且我也希望读者在选书时能看到书的内容，最终选到心仪的好书，当然不买看看也无妨。

众目有个独立安静的书房专供有消费需求的读者使用，透亮的大窗外有园林般的意境，极美。

同时，店内也设有免费阅读区，让读者看书和休息。从一个书店的样书和座位情况也能大概反映出这个书店的服务理念。

众目读书会就是一道亮丽的风景线，至今已举办了 20 多场公益读书会，很多是和“知遇”文化合办的，他们是一群有朝气的年轻人。众目读书会一般 10—15 人参加，大家就主题内容进行分享和交流，这种互动的形式让读者间有了更多的交流体验。我们希望每位参与者都有所收获。

众目还举办了几场书友个人的读书会，印象特别深的是位山西书友的《教父》读书会，他喜欢这本书和电影已有十年，他用了一个月来准备这场读书会，那天的天气很冷，但大家在讨论时的专注和兴奋让我难忘。后来，他要离开生活多年的桂林，上车那天，他还在微信发了一篇《教父》读书会的文章作为告别。

读书会的质量和反响都很好，并且这样的读书会对推广大众阅读有着特别的意义，因此，众目将继续无偿提供场地并策划宣传，欢迎更多的书友来办个人读书会，和大家分享自己钟爱的好书和见解。

曾经有人问我办读书会怎么盈利？我说不盈利也要坚持做，因为独立书店不是卖场，众目有自己的态度和责任，办读书会就是让书友们在一起分享阅读的快乐和交流思考的睿智。

每次读书会，书友们都会为众目免费手绘一张海报留做纪念，其中很多都是书友小粉绘制的，她是一位瑜伽老师，平时喜欢绘画和马拉松。我们是通过读书会认识的，她的第一张“旅行”主题海报让大家惊喜不已。后来，她还来众目办了一期“运动”主题的读书会，分享自己跑马拉松的经历和感受，这期我也参加了，大家聊到深夜 12 点还意犹未尽。

众目每年都要举办一场读书会的手绘海报展和评选活动，除了感谢这些热心书友的帮助，还要让更多的读者了解我们的读书会。

过年前，众目来了第一位书店志愿者，他是老店的书友，爱书喜书法，做事认真严谨，对书店帮助蛮大，他在众目办的《肖申克的救赎》读书会受到大家的一致好评，因此众目将欢迎更多的志愿者来帮助众目成长。

众目还收养了两只猫，一只很聪明的灰猫是从小收养的，另一只大脸的加菲猫是书友寄放的，还有一只三花流浪猫经常来店里觅食。它们安静、独立又可爱，和书店百搭，时常有爱猫的书友带好吃的猫零食来犒劳这些温暖的小家伙。

我每天在店里的时间很长，不忙的时候喜欢和书友聊一些书或书店的事情，这种习惯在老店做租书时就有了。我很注重读者的感受和想法，希望通过交流能让双方多一些了解和认识。

一天晚上，一位刚进门的读者引起了我的注意，一问原来是十年前的书友黄老师，他现在南宁高校任教，借此机会，我把他与同学之前的租书卡押金一并退还给了他们。现在，黄老师每次回桂林时都会来书店看看，年前还特意创作了一幅有趣的画作送给众目。

对我来说，偶遇这些老店的书友是最令人高兴的事情。

我们书店是桂林最早的民营书店之一，最初开店主要是为了生计，现在是因为喜爱才坚持。书店从起步到升级，再到转型都特别不易，从平凡的租书店到如今的独立书店，一路走来，一直有幸得到书友们的各种支持和帮助。众目的温情实际上是书店和书友之间的一种彼此温暖，我想，这样的温暖将一直陪伴着我们的成长。

ZM - BOOK

Sincere Reliable Quality

1994 年 5 月 1 日开业

广西壮族自治区桂林市秀峰区翊武路 34 号

03

阅读是最美的姿态

邵　悦
无锡百草园书店策划总监

故事都有一个开始

人在向记忆索要过去时，总欢喜从最初的点滴开始，那是之后的一切最本原的样子；除了怀念，“我”还想向时间索要些别的。那已然过去了的 22 个春天，在我看来，仍旧需要被好好地纪念。这一次，我要带你回到 1997 年，在某个寻常而无可代替的早上，惠河路上的第一道晨光顺着石子路慢慢延展开来，我踏进了一间 20 平方米的屋子：“无锡百草园，早安。”

我的故事就是这样开始的。

不是所有的记忆都需要苦味来点缀，我的故事是一碗甜酒，有的是醇香透人心脾。两年后，我搬到解放东路 707 号，一米阳光变成了一百平方米的温暖天地。主人给我题上楹联一副：“傍千年寺，读万卷书。”终日流连着店门口缓行的车流，从枝头雀声清脆，到窗台星泪点点，我迎来背书包的孩子，送走挽手漫步的爱侣，一生只做这一件事，就很满足。

2010 年前后，网络书店在全国火速兴起，不过在须臾之间，轻松点击鼠标，人们渴求的任何精神食粮都能在最短的时间内送达手边。我站在街角，问自己：21 世纪到了第二个 10 年，“从百草园到三味书屋”，无人问津就是我唯一的命运吗？不可否认的是，物价飞涨，房租成了生活中无可逃避的苟且，实体书店猝不及防地迎来了它的拐点。一家家历史悠久的实体书店关门歇业，背后也许有更耐人追寻的故事，但都没机会说了。我呢？也在这场风暴中被迫离开了缱绻相依 12 年的家，百草园书店从解放东路 707 号搬至妙光苑小区。原以为我就会这样，被时代的风浪裹挟着难再迈开自己的脚步，没想到我的故事，还可以继续发酵成一盅陈酿，它的醇香不曾因巷深而消散。这一次，我开启了一趟朦胧而又英勇的征程。

在朦胧中，无锡百草园书店创立了自己的微信公众号。

之所以谓之朦胧，是因为那不是带有明确的目的和计划，只不过是一次抱着分享阅读的尝试。正如当年 20 平方米的小房子一样，百草园想为长久以来心相惜的读者，也为自己，另辟一处心安之所。人人爱听无心插柳的故事，配上一个翠柳成荫的结局，而真实的故事向来不是这样书写的，任何丰厚的回报，其源头总是无尽的心血，何况那些徘徊挣扎的书店人，在一番力挽狂澜之后，多的是无果而返。而你听到的这个故事就多了几分幸运，但幸运只与踏上舞池的人共舞，背后是无数个日夜的摸索前行。

2013年，“百草园书店”的微信公众号诞生，从1到300万，通过网络关注的人越来越多。从清晨第一声早安到夜晚熄灯前的夜读，百草园滋润着全国各地热爱阅读的人们。甚至在地球的另一边，人们聊起我，依旧是最舒适的心灵乌托邦。无论晴雨，你可以收到百草园每日八条的微信推送，朗诵、早读、赏读、美文、音乐……一花一世界，百草园以最初保有的那份纯真，希冀文艺的温暖力量，可以融化世界的冰冻，拉近我们彼此的距离，让心灵不再是孤独的猎手。

在最初的三年，每晚书店打烊，回到家吃完饭抬头望去，钟摆正好扫过12点，公众号的编辑工作才刚要开始，有时甚至来不及合眼，凌晨五点，新的一天就从微信推送开始。很多人讶异我们滚雪球式的点击传奇，很少人会注意到这看得见的数字，都来自深夜里一张旁人看不见的孤独的写字台，以及伏案写作之人那颗赤子之心。

每天打开公众号后台，我们都会收到难以计数的读者来信，或叙述故事，或陈情表意；或毛遂自荐，或投稿问询；或小心翼翼，或澎湃激情……我知道，这些人从未离开过无锡百草园书店，他们一直都在，正如人们从未放弃过阅读——这一世界上最美的姿态。

百草芳香的艳阳日，与书相伴的绵绵夜

在无锡百草园书店——广电店，时间另有一套流动的方式。

身处瞬息万变的互联网巨浪之中，滑开手机，抑或是打开电脑，我们好像可以同相隔万里之人一齐呼吸，感受全球化后地球村式的生活。但在百草园书店，年岁依旧按照原来的步调，不疾不徐地行着。

如果你来到百草园，便会发现这样一道独特的风景：办公室里，编辑们伏案创作，策划们奔前忙后，那是一套标准的现代化工作领域，我们身处的这个星球的运转，似乎就掌握在他们手中；然而当你埋进书丛，置身于百草芳香之中，就会感到久违的生命静谧，隔绝了外界的纷扰嘈杂，百草园为读书人提供钢筋水泥、压力负累环绕下的一抹清凉。

每天傍晚，大约四五点的样子，百草园书店会迎来三位固定的客人。

一位老先生和他养的两只小狗。说是小狗，那是体型骗了人，其实年岁并不小，他俩伴着百草园广电店一同成长，如今每日例行的活动就是陪着主人，共赴一场浪漫书约。“丁零——丁零——”只要听到门被推开后的一阵清脆的铃铛声，那准是他们的三人行。两只狗永远趴在“百草园书店”的门匾下，似乎在向每一位进店的顾客打一个没有人听得懂的私语招呼。而那位老先生呢，时而端坐一旁扇着蒲扇，沉思着看向夕阳投在店门口的一片金黄；时而陷入一本书一张报的情节里，无可自拔。望着他，仿佛时光又倒回了1997年，在那个20平方米的小店里，阳光也是这样柔软。

以书会友是百草园书店的传统，从未被改变。直到现在，每周都有各式各样的文化讲座、阅读沙龙，绝大部分面向市民免费开放。其中最受欢迎的是读书会，所谓一期一会，既已相约，便不见不散。读书会的主题很多元，从经典文学《红楼梦》，到勇闯天涯的90后女孩游记，从情感交织的私密话题，到慨叹万千的怀旧专集，百草园书店让每一位读者，不论年纪，不问身份，只用一本书，就可以认识到一群朋友，让彼此明明白白地感受到：我们在这个世界里，绝不是孤独的。

还记得2017年的一个夏夜，原以为滂沱大雨会让那次的读书会夭折。没想到书店门口的伞越放越多，我们点起了小灯，音响里放起了爵士，大家围坐在书店中央，开启了一次意料之外的读书分享。那一次，雨声格外大，差一点儿就要盖过音乐，但正好又没有掩住爵士的慵懒风情。书友们喝着花茶，看着窗外玉珠四溅，屋内灯黄茶绿，书香扑鼻。

记得那一天，有人带了三四套旗袍，一条一条地分享，一针一线地解说，那是民国的记忆，是想象中黄金的时代；有人说起了法国大革命，提到了爱美成瘾的玛丽王后，在座的女性渐渐沉默，我们在黑色的雨夜叹息一位年轻的女子，身上却背负着如此沉重的家国……活动结束时，雨停了，众人陆续离开，门口不知是谁忘下了一把青绿色的伞。打烊时，忽然望见这把小伞，于是把它轻轻收起，擦干雨水，放在前台：不怕，明天，主人还会来的。

对，明天还会来的。

无锡百草园书店的明天，正不疾不徐地笑着朝我们走来。

故事的未来，与读者一起书写

故事说到这里，你也一定对百草园的前世与今生有所了解了吧。随着互联网的发展，人们的阅读习惯在悄然改变，传统的纸质书籍固然好，但越来越快的生活节奏让静心细读成为某种程度上的奢侈，碎片化的浏览成了当代人的首选。如果否认这些事实，百草园的生命力不会像今天一样旺盛，它的读者群也不会长长久久地陪伴在身边。正是直面新时代民营书店的危机，百草园才能自危机中寻觅出口。历史是徘徊的，游移的，矛盾的，过去的故事告诉我们，一切困难与挫折都蕴含着转机，变化的是难以预料的外部世界，能坚守不变的，只有百草园书店的初心。

未来会怎样？这是每一个进店的客人都会好意抛出的疑问。百草园未来的规划是什么？未来的目标又是什么？未来的梦想如何？百草园已经在无锡度过了20岁的生日，那在未来10年、20年、30年，乃至更长的岁月里，它会拥有并保持一个怎样的形象？它的未来究竟要如何书写？

我们的回答是：未来，我们要与读者一起书写。

这不是一句空谈的俏皮话，更不是一种虚空的漂亮姿态，而是百草园的命运向来就与读者密不可分，从最初惠河路上的一米阳光，到后来的百万粉丝公众号，读者与百草园之间的互动为书店的运营和转型提供了宝贵的助力。也正是这种互动性参与，让百草园得以在来势汹汹的电子阅读冲击下，保存了自我，守住了真心。

顺应网络电商的潮流趋势，百草园商城——百草书房应运而生，并将更贴近读者生活，从方方面面提供最完善的服务。百草书房每日甄选精品好书好物推荐给读者，它不只是一个消费购物的平台，更是一个与读者进一步沟通交流的平台，通过精选图书与文创产品建立与粉丝间的情感联结，让百草园的阅读理念透过形色各异的优质商品，传递到人们的生活中去。

让百草园成为人们的一种“生活实感”，是一幅最令我们欣喜的未来图景。

百草园书店南长街分店是一栋三层的旧民居，在悠长的运河老街上，静静地立在 旁，傍着古运河，河上有木船，船里坐着摇扇的父母，旁边歪着两个捧书的孩子。就在这样一处地方，百草园看到了阅读的未来，也看到自己的未来。好了，“我”向过去索取回到 1997 的时间该到了。

如果你问我：“你真的回到当年的百草园书店了吗？”我真的回去了，因为我看到 22 年前的阳光，就如今日一样明朗。

今天，南长店的一层仍然实实在在地卖书，茶水依旧甘甜而平价；二层收拾得朴素清淡，会客间里时常传来三两人的浅谈笑语；上到顶楼，那里总是聚满了参加读书活动的男女老少，我听到楼梯木板被踩动时的嘎吱声响，他们踏着轻快的步子离开时，总是带着笑容，对我说：再会!

百草園

1997 年 6 月开业

广电店：江苏省无锡市湖滨路 6 号新广电大厦

南长店：江苏省无锡市南长街二期 511 号（清明桥旁）

04

精典书店，让阅读进入你的生命

杨　一　重庆精典书店创始人

每一家好书店的创办者，都是爱书人，都有一段和书的故事。这个故事也是他创办书店的缘由，而我也不例外。

少年时的我是一个典型的问题学生，打架、赌博、逃课，一个坏学生能干的事我都干了。请家长、写检查、罚站是家常便饭。回到家里，自然是被教训打骂。被教育完了，第二天继续干坏事。对于身为知识分子的父母来说，我的表现简直让他们颜面尽失，挂在他们嘴边最多的一个成语就是恨铁不成钢。

就在他们对我几乎绝望的时候，也就是 1976 年的夏天，在学校工作的母亲为了防止我在外边干坏事，到学校上班的时候也把我带在身边。到学校以后，母亲把我安顿在学校的图书馆。那是我生平第一次跨进图书馆。我站在图书馆的大门往里望，一排又一排整齐高大的书架震撼了我。我就像一个初次进入大教堂的孩子，被庄严肃穆的空间镇住了，身上的野性刹那间消失了。回到家里，我告诉父母，我想读书了。半信半疑的父母，尝试着从书架上拿出四大名著、外国文学名著等书，一本一本给我读。我的阅读之旅由此开启。

一个学渣开始了他的逆袭，只用了两年半的时间，我便考上了名牌大学。尤其是数学，我从初中三年级的 32 分到高考时全校第二名。进入大学以后，我更一发不可收拾地开始了疯狂的阅读。从数学、哲学、经济、文学到社会学，大学四年，我几乎读完了几个系的专业课程。从此成为一个真正爱书、爱阅读的人，把读书视为生命中不可或缺的事。

大学毕业以后，在学校教了几年书。那时正赶上经济建设的大潮，对于既爱书又爱钱的我来说，市场的诱惑实在太大了，于是弃文从商。南下深圳、北上北京，从转手倒卖到兴办实业，赚得了人生的第一桶金。带着赚的钱，回到了家乡重庆，身边还是那帮爱读书的朋友在一起聊天。他们都抱怨重庆没有一家好的书店，买不到好书。我想到了少年时的经历，一个被书和阅读拯救的少年。既然书和阅读能改变我的命运，相信也能改变更多人的命运。于是，我决定办一家好书店，用书和阅读改变更多的人。

1998 年的春天，精典书店在重庆市最繁华的商业中心解放碑的一条巷子里诞生了。

开店初期很顺利，没有遇到特别大的困难和障碍。对于喜欢书的我来说，给书店选书，自然是我一手包办，虽然很累，但觉得很快乐。书店的名气很快就在重庆传播开来，也得到了媒体的广泛赞誉。那时重庆爱书的人都有一句话，不在精典就在去精典的路上。在经营方式上精典书店也有许多创新：第一个在重庆的书店里开设了会员区，有免费的茶水，会员读者可以安静地坐在会员区阅读；店内角落也放置了很多凳子，供非会员读者阅读，甚至鼓励他们抄书。

最初的几年，书店还能够有一点点微利。随着经营面积的逐步扩大，管理难度也逐渐增加，再加上图书电商的兴起，经营上的压力逐渐呈现。经营上从微利到不挣钱，再到亏损，而且亏损还在不断增大。随着年龄逐渐增长，精力也有点跟不上，这时候才真正地感到了压力，中途曾数次想放弃。是卖一些挣钱的书来养活书店，还是坚持初心，只卖真正的好书和保持文化上的纯粹性？在这个问题上，我也曾多次犹豫过，最终我还是坚持了下来。宁愿亏损也要坚持卖好书，就这样一路走过来，我坚持了 20 年。

书店故事

一家好的书店，应该像一座教堂一样，可以感化和教导人。

在一次书店的座谈会上，一位记者讲述了他的一位大学同学的故事。他的同学很喜欢读书，却没有钱买书。于是他选择了偷书。大学期间，他总是能成功在各个书店偷到他喜欢的书。精典书店自然也是他不会放过的对象。他第一次到精典书店偷书，很熟练地将书偷了出去。他说，当他跨出精典书店大门的一瞬间，突然感到良心被谴责和折磨。于是他回到了书店，将所偷的书悄悄地放了回去。从此，他改掉了偷书的习惯。我想，这就是一家好的书店所能起到的作用。

一家好的书店，应该是一个心灵抚慰之地。

重庆一家报社的领导是我们书店的老读者，一般保持每周来店一次到两次。突然有一段时间，他开始每天下午都来书店，而且脾气特别大。营业员稍有服务不周，他就会发脾气，但发完脾气第二天照来不误。我们的工作人员私下议论，他为什么总是对我们不满意，但又每天都要来呢？这样的情况大约持续了三个月，这位读者才恢复到每周来一次到两次的正常节奏。

后来，这位读者参加了我们的读者座谈会，讲述了那段时间里经历。他说，当时他的老伴刚刚去世，他很悲痛，无论是在家里，还是在办公室，他的心情都平复不下来，对于爱书的他来说，甚至没有办法静下心来读一本书。只有在精典书店，他才能够静下心来读书。于是，他坚持每天来精典书店，直到他的悲痛稍稍平复以后，他才恢复正常的生活节奏。一家好的书店，就像一座教堂一样，是人们可以疗伤的地方。

一家好的书店，也可以成为人们浪漫邂逅的地方。

一家好书店的读者应该有许多相同的爱好和气质，也是他们相遇、相识的桥梁。20 年来，发生在精典书店里的浪漫故事很多很多。

2016 年 11 月，精典书店搬迁之际，一位读者给我们写了一封信，讲述了她在精典书店收获爱情的故事。精典书店开办之初，她就是书店的忠实读者。当精典书店从开店的第一个地址迁到解放碑另外一幢楼的负一层地下室以后，她也跟随而来。由于通风设备不够好，所以常常会觉得书店内缺氧，空气不好。她说她就莫名地喜欢这种缺氧的感觉。有一天，她在书店时间太久，感觉缺氧有点眩晕，就在她要晕倒的一瞬间，被书店内的另外一位读者扶住了。后来这位扶住她的先生，成了她的丈夫，他们已经结婚五年，相爱至今。

书店特色

一、好书好版本

好书是一家好书店的必要条件，没有好书，再好的空间也不能成为一家好的书店。一本好书，尤其是公版的经典名著，往往少则几十个版本，多则几百个版本。如何从这众多的版本中挑出真正的好的版本，不仅工作量巨大，而且还面临利益的取舍。往往好的版本进货折扣高，其他的版本进货折扣低。在这个问题上，精典书店从来没有犹豫过，宁愿放弃利益的诱惑，也要坚持好书好版本为第一选择。

有一年，一家出版公司发来一百多个品种的中国古籍名著。上架仅三天，我发现版本不好，立即下架退货。尽管进货折扣比正常版本要低 20 多个点，为此还得罪了该出版公司。但是，在图书版本选择的问题上，我像一个患有版本洁癖症的人，容不得半点含糊。这一特点是从我少年时代爱上阅读开始，父母传授给我的。他们不仅教我读好书，而且教我识别好的版本，尤其是外国文学和中国古籍类图书。为了将识别好版本的知识和经验普及给读者，我们还专门邀请人民文学出版社和中华书局的专家到书店来做外国文学翻译版本和中国古籍版本的讲座。

二、推广科学精神

中国好的书店大多以人文艺术或其中一个类别的特色见长。这与书店创办者的知识结构和爱好相关。我大学学的专业是数学，而且还喜欢物理及其他科学知识。所以我把这一爱好带到了书店的经营特色中，对科学精神的传播与弘扬，是一个好的书店应该做的。

近百年来，中国历史上经历了两次科学启蒙，一次是以辛亥革命前后为代表的西方科学的引进，诞生了杨振宁、李政道、吴健雄、华罗庚、钱学森、陈省身等一大批世界级的科学家；第二次科学启蒙是“文革”之后，以徐迟先生的报告文学《哥德巴赫猜想》为导火索，点燃了新的一代人的科学梦想。但这一次的科学启蒙，被经济建设大潮带来的财富盛宴中断了。中国改革开放以来，经济飞速发展，造就了一大批世界级的富翁，但却没有造就多少世界级的科学家。

如何在书店里普及科学知识，推广科学精神，点燃青少年的科学梦想，一直是精典书店在思考和践行的。于是，在精典书店里，有了莫比乌斯环、超级立方体、克莱因瓶等科学雕塑。我们把好的科普类书籍，从数学、物理、化学到生物学、生命科学放在了书店重要的位置，还邀请科普图书的作者来书店举办科普讲座。

三、阅读推广上的引领性和前瞻性

在图书的推广上，我们从不一味地追逐热点，也不一味迎和读者的喜好，我们推广的是那些有益于读者、为他们的未来做好知识储备的书。当人工智能热潮到来的时候，我们已经提前两年在店内为我们的读者做好了准备和推广，并且已经为下一个生命科学时代的到来做好了储备。现在，我们已经开始为筹划下一个脑神经科学时代的到来做准备。

四、传承与弘扬本土的历史与文化，成为真正的城市文化地标

一家书店，要配得上城市文化地标的称号，一定要传承与弘扬城市的历史与文化。为此，精典书店在书店内设立了重庆文史资料专柜、重庆籍作家作品专柜、重庆乡邦文化专柜。这些关于本土历史与文化的书，读者不仅可以购买，还可以借阅。书店会定期邀请重庆各界文史专家，到书店举办关于重庆历史文化的讲座与研讨，让年轻一代的读者知道这座城市的历史，曾经的荣光与屈辱，让他们真正地爱上这座城市，并且愿意为这座城市的建设努力。

因此，精典书店不仅成为重庆的文化地标，还成为重庆的文化客厅。重庆文化界人士会定期到书店举办他们的新书发布，以及学术思想交流活动。

五、从书店环境到店内空间融入最具重庆的特色与元素

精典书店的新店位于长江之滨的南滨路，这条街见证了 1891 年重庆开埠的历史。60 米长的落地玻璃窗外就是滚滚长江。夜晚，山城最美的夜景映入到书店内。雨天，古巴渝 12 景的海棠烟雨就在窗外。

在店内空间的设计上，我们将最具重庆民居风格的吊脚楼引

入到书店中，使之成为最具重庆特色的书店空间。

书店经营中遇到的问题及思考

精典书店作为一个商业公共空间，具有读者消费可以不买单的特点，比如一个读者可以在书店坐着看一天的书，而不发生一分钱的消费。因此，书店具有天然的公益性质，承担了国家对全民阅读推广的功能。

一家好的书店，一年的客流量会比其所在区县图书馆的读者流量还要大，所以如何保证好的书店的生存与发展是国家从宏观层面要考虑的问题。近年来，国家已经出台免收增值税的优惠政策，成立了实体书店专项扶持基金，以支持实体书店的生存与发展，使得实体书店的生存状况较前几年大为改观。

尽管如此，实体书店仍然是一个微利行业。网络书店的低价格混战一直对实体书店造成极大的冲击。国家应该出台相关图书价格的管理制度与政策，保证整个实体书店行业的基本生存和良好发展的生态环境。

零售书店由于其品种多、价格低、数量少、周转快的特点，使其成为零售行业中管理复杂程度最高的一个业态。因此对管理者的素质要求极高，同时由于其文化属性，使得该行业对从业人员，尤其是管理者的文化素养要求明显高于其他行业。高级管理能力和文化素养的要求，与低工资回报的矛盾，使得该行业难以吸引高素质的人才加入，所以如何培养自己的管理团队，成为摆在每一个书店经营者面前的难题。

对书店未来发展的构想

由于图书电商的多品种、低价格及送达的便利性，使得网购图书的占比越来越高，极大地压缩了实体书店的生存空间。如果纯粹是为了买书，那么到书店的读者会越来越少。所以给读者一个除买书以外的让其逛书店的理由，是每一个经营者必须要思考的问题。

增加咖啡厅的经营面积，使书店成为社交阅读和休闲的场所，增加文创产品、生活美学类产品，增加快餐、便利店以及留宿，使之成为一个综合性的消费空间。这些都是目前书店经营者的探索之路，让中国的书店行业呈现出百花齐放的局面，但经营的业绩和效果还有待于考察。

精典书店也在进行着自己的探索之路。我们与书店所在的重庆市南岸区图书馆合办了中国第一家书店内的图书馆，不仅方便读者借阅图书，也通过一借一还这一行为，增加读者的到店频率。同时，我们在书店开设了一个小剧场，在小剧场内定期组织演出：室内交响乐、戏剧、戏曲，以及古琴、尺八等中国传统民乐演奏，使之成为一个更纯粹的文化艺术空间。

精典書店

Clessence Bookstore

1998 年 6 月 18 日开业

重庆市南岸区南滨路东原 1891D 馆 L2

05 从“广告人”到“左边右边”

王　忠　乌鲁木齐左边右边书店创始人　现品牌总监

在这座离海洋最远的城市里，与一群对事物有长情、对生活有些任性的小伙伴，坚守一家小书店，不知不觉已经20个年头了。都说“书店是城市里不可或缺的风景”，其实是人们对书店的一种情愫，阅读方式的变迁是社会发展的必然，买书现在已经可以随时随地实现，所以也让书店的过去与未来充满着话题。

1998年7月，刚出大学校门不久的我，开了一家没有品牌名称的书店，叫“乌鲁木齐广告人书店”，从严格意义上讲，那些年全国各地的广告人书店基本都是在以“龙之媒广告书店”为行业领头的大势里，各地开花，当然广告人书店除了见证中国广告行业一段时期的起落与发展，也在全国书店的大体系里，以其广告人特有的"创意人文"视角，成为书店行业不可或缺的独特风景。

众所周知，书店不是一个赚钱的行业。在开始几年中，除了我和爱人晓玲一直没有雇人，晓玲看店，我提货送书，一家一家广告公司跑，风雨无阻，一家默默无闻的小书店从诞生到成长，我们倾其最旺盛的青春和最投入的热情，除了卖书、送杂志，其间我们为行业出报纸、办展览、搞讲座、出杂志、开网站、设论坛……作为一家书店的生存与发展，我们从未放慢脚步。广告行业对广告人书店的认可或许是我们最大的成就了。从情感与现实的困惑里，从创业到守业的艰辛里，我们也得到了磨炼，认知了坚守的价值。

从 2000 年 13 平方米的小店面，经历了两次店址搬迁，我们还是将书店选择在租金相对较低的写字间里。经过近 10 年的传统实体书店的平稳发展，2008 年前后传统广告行业随着网络时代的全面到来，极速变化，而作为传播与贩卖广告专业书籍与资讯为生存根本的独立书店，在极低的房租下，书店的营业额也只能勉强维持，如果还是固守自封，就算硬撑着也没有存在的意义了，现实是残酷的!

和许多独立书店同行一样，我们也经历了那几年全国书店业的低潮，众多实体书店纷纷关门的新闻成了媒体的热点，其实那时我也曾一度考虑是否继续"前行"……就在那一年我们第二次搬家，那一年新疆"停网"；那一年，书店的生意有些好转，就这样，"广告人书店"又缓慢地活了下来。

2015 年，书店又回到了之前维持的状态，或许是自己内心对书店的感情就向父母对孩子一样，从小养到大，总希望他会越来越好，即便成绩不佳，只要能健康长大，我们就会不离不弃。也是从那时开始，我决定去掉“广告人”这三个字的专业“束缚”，虽然他从零开始伴着我一起成就了一个书店人的梦想坚守，但是我不愿让他这么可有可无地存在着，是时候去真正改变自己，或许才能有未来！

2016 年，我把使用了 18 年的“广告人”正式改名为“左边右边”。

从正式启用“左边右边”作为店名时开始，我就把自己当作一个初入书店行业的新人，用近两年的时间，考虑如何重新面对过去与未来。这两年里，我参观考察了北京、广州、深圳、上海、杭州、苏州、南京、合肥、成都、青岛等全国各地的不同类型的实体书店近百家，通过对这些书店的走访与学习，让我更加认识到做好一家书店，不仅是情怀的坚守，更需要不断创新与改变，才能让书店长长久久。

从专业书店转型至现在的特色人文书店，我们像一个刚刚接触新世界的孩子一样，守着不忘初心的书店理念，迫切地找寻适合自己的商业模式。如果说左边右边书店在选书上一直按自己的准则形成个性的模式，那么这些年在绿植培育上也形成了自己的风格，晓玲从 2011 年开始迷上了多肉，如今已经成“气候”，500 多盆慢慢生长的肉植与书为伍，伴随着书店的每一个春夏秋冬，现在俨然已经成为书店里最能代表“时间印记”的景观。还有店里的 3 只憨态可掬的加菲猫，也快 10 岁了，它们与我们共处每一天，不仅是最佳“书伴”，而且已经成为左边右边的“代言人”，在书的海洋里一起坚守孤独的快乐！

我们在销售各类精选书籍与杂志外，也不断地引进各类文创产品，而且自己也在不停设计与制作我们的原创产品。从2015年起，我们开始自己编印独立杂志《读品》，2016年出品了自主品牌的挂耳咖啡和创意T恤等，2016年年底第一本独立策划的音乐主题日历《光音乐历》面市，通过线上线下在全国许多城市销售。

2017年，左边右边书店组织与策划了关于阅读、旅行、摄影、音乐、电影、朗诵、茶、咖啡、文创等各类文化相关活动近百场，每次活动无论参与的人数多少，我们都认真面对，几乎每一场活动我们都认真记录与总结，通过直播和左边右边公众号期期推送。知识就是这样传播，有循环才有活力，智慧因流通而数倍增值。让这座城市里更多的人认识了我们，重新走回书店这个文化场域，也让我们更加认识到在急速成长的城市里书店存在的意义。

从广告人书店到左边右边书店，我们走过了20年，20年我们迈出了第二步， 就在2018年7月迎来20周年之际，我们正在筹划的左边右边第二家书店即将正式开业，左边右边新店选址在乌鲁木齐城北新开的新世界广场2楼，近1000平方米的商业空间里，除了占主体的图书区外，还包括展览区、花艺区、茶艺区、咖啡区、文创区，还有特设的举行各类讲座与活动的舞台区与儿童阅读体验区，我们正在将左边右边努力打造成这座城市独具特色的复合式文化生活场所，让逛书店成为更多人的一种生活方式，这也是每一个坚守的书店人的理想所在。

我们对崭新的左边右边的空间设计按照简约加个性的设计理念，认真对待每一处细节的打造，体会每一位顾客的进店感受，在钢筋水泥的城市丛林里，营造出一处书香+绿植的温暖文艺家园。除了带来不同的感官体验，作为一个老书店人，我们知道书店的灵魂是什么，好书店没有标准，但至少要符合我们自己定下的要求。我们敬畏每一本好书，对每一本书是否可以上架，都有着严苛的选书理念，畅销书、常销书、冷门好书、个人喜好的书、独立出版物、杂志……这些有着左边右边自己的选择标准，我们常说："不怕顾客找不到他要的书，就怕一本好书不在左边右边。"除了保持我们自己的选书原则，图书类别我们也会按自己的全新理念重新分类，同时，还要遵从不同读者的阅读层次、选书习惯。

如果说当年开书店是因为年轻气盛加上一些小情怀的个人喜好，经过20年的坚守，期间的磨炼也足以让一个人变得风雨无惧了。

"今年20，明年18！"借用一句老广告语，我们都希望自己越来越年轻，我们对书店也是一样，一直会保持这份年轻的热情，对理想的坚守，对于新的左边右边，才刚刚开始！

左边右边®
BOOKSTORE

1998年7月8日开业

创始店：新疆维吾尔自治区乌鲁木齐市长江路25号新疆果业大厦17楼

新世界店：新疆维吾尔自治区乌鲁木齐市长春中路818号新世界广场2楼

06

在书店做“阅读”

魏红建
西安万邦书店创始人

书店沦为展示厅与阅览室，业已成为事实。

眼下的独立书店似乎没有我们概念里的那么“独立”或是说有距离感了，它不仅成了网络文化的展示厅，也是出版社的展示厅，并且其公众阅览的功能也直追公共图书馆，主要有了两个变化：

其一，图书作为书店商品的属性弱了。因为，光靠着传统的图书销售，已经不能保证书店的营收。

其二，书店里的“公众阅读”已经成为一种现象，甚至时尚。我们经常看到很多年轻人开始喜欢在阳光散漫的午后，在书架上寻一本书，点上一杯咖啡，静下心来阅读。

因此，对于读者来说，来书店的目的已不仅是单单为了买书了。图书作为书店商品的属性弱了，而书店作为公众阅读空间的属性强了。因为技术进步，商业将会发生或者正在发生深刻的变化，消费者的消费方式也会随之改变。以往的消费，是因为消费而消费，现在的消费，不单单把注意力放在商品身上，消费者也开始关心商品之外带来的附属体验感。

那么，书店怎么办？

可否在书店里，业已形成的“公众阅读空间”中寻找商机？

有人认为，文化是未来商业中最重要的接口之一，图书是众多文化载体中最亲民的产品，书店因此成为未来的商业接口之一，正在成为现实。书店是平台，图书是载体，阅读是发生在其中的行为。要让这里的阅读，不再是经营者作为免费空间的被动接受，而是转化为寻找其间商机的主动行为。

在这里，我们从独立书店的角度，并以万邦书店多年的尝试为例。

比起看到它在全国所到之处遍地开花，我们其实更希望万邦书店在关中这片满是新旧文化碰撞的沃土之上生根，继而结出硕果，让当地人有一处觉得可以静下心来好好体会生活美好的大书房。

多年来，相比于其他独立书店的发展方向，万邦书店一直以“文化人的后院，读书人的书房”为宗旨，“关注本土人文，参与本地生活”，在关中这片土壤之上，它是联结城市思维脉络的一株根茎，扎根于深处，借文化凝露而生长，已经成为本地人心中重要的文化地标。

经过几年来的摸索、试错，以关中大书房 2017 年 11 月 11 日的重启为起点，尝试为自己做一个小结，有一个新的开端。

一、作为“城市阅读空间”的书店

把书店作为“城市阅读空间”，改变书店以往以图书销售为主营业务的经营方式，重新定义——书店以纸质图书为主要阅读载体的模式，在实现助力“全民阅读”的同时，通过各种方式，实现在书店留住读者的目的。

1．“Wanbook Coffee”式的书吧服务：定位在书店配合读者阅读行为的服务，通过专业的服务，给读者带来美好阅读的体验。

2. 阅读体验式的导读服务：策划“高士会”，以读书会等形式，建立“专家导读”体系，聘请资深“读者”，定期在书店为读者荐书、讲书。

3. 讲座与签售活动：这是书店最常见也是最主要的活动之一，实现了作者与读者、出版方与读者之间的交流。

二、布局书店新商业“Wanbook Life”

读者来书店，是以阅读为目的，这就决定了商品消费定位，应该围绕“阅读行为”来做，或者是针对读者在书店阅读过程中可能产生的消费行为延展开。

书店不仅仅是读书地，在这里，跳脱于书之外的世界，可以与文化名人近距离对谈，也可以伴着小食茶点听来自巴赫的协奏曲娓娓倾诉；还可以在悠然午后手工制作一只木匙，一款包袋，也可以去嗅纸墨的浓香，去听花朵之中的故事……

1. 立体的阅读体验：“木光书坊”与“一间书房”

木光书坊成立于 2008 年，致力于秦岭生态文学与西安本土文化的出版传播，以图书、文创、展览、沙龙等形式探索书的无限可能性。现有作品“秦岭三书”（《老县城》《秦岭无闲草》《秦岭有生灵》）、“长安四旧”丛书（《西安旧事》《长安节令与旧俗》《关中旧歌谣》《长安旧影》），以及《长安历》等。

一间书房，旨在为中国当代家居创造一个舒适、雅致、经典的家庭学习空间，恪守中国传统家具古法工艺，重塑极简、朴素、内敛的当代文人审美趣味，以一桌一椅一案二几二柜的标准组合，为爱书及雅器找到最为匹配的陈设状态，并代代相传。

2. 阅读＋学习：书法与音乐教室

功夫书法。学会专注，更有自信。练字要下功夫，到功夫教室练书法，教你巧下功夫学书法。

原声私塾吉他艺术机构成立于 2011 年，在 6 年时间里努力推广古典吉他艺术文化。在老师和学员的不懈努力下，拿下了多项成果，如全省第一个在西安音乐厅举办周年学员汇报音乐会的音乐机构；拥有高学历专业教师数量最多的吉他教育机构；开办 6 年专注古典吉他教育，培养学员超过 500 人。

2017 年秋季，原声私塾在小寨万邦书店·关中大书房 2F 开设了联营平台，致力打造全新的吉他工作室，组织更丰富的音乐会活动，使更多的孩子、更多的爱好者了解这门美妙的音乐艺术！让世界第三大乐器“古典吉他”的音色唱响在每个人耳边！

3. 阅读＋行走：秦阅文旅

读万卷书，行万里路，打造“阅读＋旅行”文化主题之旅，以活动、社群为核心，相聚志同道合之同类，共读、共行。

4. 阅读+闲情雅趣

喜木工坊、倩女布织、牛皮匠、陶艺村、抄经课等。

2018年，来自富平陶艺村的陶艺体验空间正式入驻万邦书店·关中大书房。富平陶艺村具有十多年生产经营历史，陶艺制作车间从练泥、制作、施釉、烧制形成一条完整的工艺流程，不仅批量生产注浆翻模的民间泥塑工艺品，而且拥有十多个民间工艺美术师，以纯手工拉坯、雕刻、泥塑工艺，制作具有中国传统文化和民间工艺的人物、面花、吉祥物等一系列关中风情特色陶艺品及各种装饰工艺品、工艺挂盘、茶具、小工艺品等，集聚了广泛的国际、国内艺术家资源。

5. 阅读+创意产品

例如：创意笔记本、手帐、笔、文房组合等。

三、“Wanbook阅读+”平台的实施

“Wanbook阅读+”平台，是以书店讲座、签售、交流空间和展示、展览活动空间的形式存在的，相当于书店的营运中枢，策划并驱动着书店的运作。通过与相关商业的互动配套服务，从而形成适合书店生态的产业链，即“wanbook阅读+”对话书房+书吧服务+体验活动+配套商业组合+游学（阅读旅行）。

由“Wanbook阅读+”策划并发起活动，连接相关商业互动，以读者参与为目的，实现商业营收。例如：各种商业的组合，如喜木工房、秦阅文旅、原声私塾等；各种活动组织，如布艺、木

艺、皮具、制香、陶艺等；各种讲座读书会的举办，如以“高士会”为主体的妙有读书会、十点读书会等，从而形成根据公众需求，以多种的商业配套呈现，通过各种组合服务读者，打造别具特色的城市文化消费空间。

书店，是商业，没必要硬贴上什么“精神高度”“城市理想”等标签，更不要奢谈“守望”，前者太重，后者太悲情。

万邦书店

WANBOOK STORE

2000 年 5 月 1 日开业

西安关中大书房：陕西省西安市雁塔区小寨兴善寺西街 55 号

西安易初莲花店：陕西省西安市高新区唐延路 3 号卜蜂莲花超市二层

西安立丰店：陕西省西安市金花南路 6 号立丰国际购物广场 9F

西安曲江星悦荟：陕西省西安市曲江新区新开门北路龙湖星悦荟 L1—033

西安韦曲店：陕西省西安市长安区韦曲南街城南综合批发市场

西安蓝海风店：陕西省西安市未央区凤城二路 37 号蓝海风中心

宝鸡银座店：陕西省宝鸡市经二路银座负一层

宝鸡高新天下汇店：陕西省宝鸡市渭滨区高新大道天下汇商街

留坝书房：陕西省汉中市留坝县城关老街 34 号

07

宝石山上，书吧亮着

朱锦绣 杭州纯真年代书吧创始人

2000 年 9 月 28 日，在杭城偏隅一角的文三西路上，一面写着“纯真年代书吧”的旗幡在沿街的一个屋顶挑了出来。她是那么弱小、那么稚嫩，她注定要经受风霜雨雪的洗礼，注定要在物欲横流的商海里几经沉浮。可她对这个浮躁喧嚣的世界轻声地说：物质社会，我们仍然向往纯真年代！

原本大学英语教师的我，为什么要做书吧？

我喜欢教书，喜欢与学生们纯真相处。如果不是 1999 年年初突然而来的癌症，我会当一辈子的教师。那段时间，我先生盛子潮（文学评论家、原浙江文学院院长）常常从睡梦中惊醒，惊出一身冷汗。他是那样担心我、爱怜我，生怕他一宿醒来不见我。

在我第一次出院在家养病的一天，他记下了在手术室外拟就的一副对联：忆往昔，忆爱妻，从今后人生无趣；思今夜，思终极，愿来世再做夫妻。横批是：生死相恋。其实这是一副挽联。也是在我的几位病友相继去世的情形下，我开始盘算留下一样东西给他，万一我癌症复发离开了，他可以有个找得到我的地方——书吧。他爱交友，我们家不大，但好似文学沙龙，总是高朋满座。当我开始认真构想时，他又开始担惊受怕：他不愿意我以生命的代价去做一件事。看他如此担心，担心我的身体、担心人财两空，我决定放弃我认为完美的构想。可他开始认真行动起来了。他说他曾发誓：如果锦绣能从手术室里平安出来，今后不管她有什么愿望，即使倾家荡产也要满足她，何况是做书吧。

著名作家余华说得精辟：锦绣生病，生出一个书吧。

我认为书吧是表达自己对生命的态度、对人生的理解的最好方式，是人们走近对方的最好方式。不管陌生的人在哪里相遇，他们不会因一杯酒的香醇，一杯咖啡的浓烈，一杯茶的清雅而说长道短提起话头。但书本来就是人们的谈资，对生活、对人生，人们各自有各自的理解方式；对有关生活、有关人生的书，谁都可以发表自己的意见，仁者见仁智者见智，不管是共鸣也好，争执也罢，都是一种思想的开放，心灵的交流。因为某一个共同的话题，人们就会话遇知己千言万语都嫌少。落寞的人来此不会有落单的感觉，喝着茶读着书，与作者交流与思想共鸣，书的作者永远不会拒绝你的亲近和理解。而且，这里有一群与你心气相近的人——相逢何必曾相识？

做书吧，我一无健康、二无经验、三无资金，我只有一个非常简单的愿望：只要我生命尚存，只要书吧的经营能够顺利持平，我将一直努力不懈，把她办下去，成为一家百年老店，成为杭州的一个文化景点。

但是，我的想法遭到了来自亲朋好友的强烈反对，他们一怕我身体吃不消，二怕我经济吃不消，三怕亏本后我精神吃不消，四怕……真的是众口莫辩。所以，在我45周岁生日的那天夜里，我写下了一篇文章《好想开书吧》：

癌症手术后，我开始了漫长的化疗：躺在医院病床上，盯着三大瓶化疗药水缓缓地、缓缓地、缓缓地，一滴、一滴、一滴地挤进我本已无法辨认的静脉，那种煎熬、那种漫长，却是比癌症本身更让人害怕。对生的眷恋，对死的恐惧，让我战胜了死神，让我战胜了这种煎熬的漫长。我庆幸自己终于有了生的希望，我相信那是一种爱的力量。

医学意义上的死亡就像一块橡皮擦，它会擦去作为活生生的人留在世上任何不具象的痕迹。我要做些什么有意义的事才能证明我曾在这个世上活过？活着，并且让人们记住？

在我生病期间，我的亲朋好友都给予了我极大的关爱。我给一位远在国外的大学同学的回信中说道：“我生病后远近朋友都替我担心，有的在国外也同你一样，远隔重洋给我挂电话，真的让我很感动。人在非常时期有这么多朋友伸出援助的手，真的让人充满感激，充满了爱的温暖。谢谢你，好朋友。你的电话、你的关心真的对我很重要！”就在这关爱的沐浴中，我的内心深处升起一个念头：“开个书吧吧。”杭州有这么多的茶吧、酒吧、咖啡吧、网吧……为什么就没有一个书吧？于是，开书吧的念头日渐强烈，挥之不去。

在我的心目中，这个书吧应该是书文化与吧文化合而为一的人文休闲场所。在那里，应该有一长排书架顶天立地，书不在多，有导语、有书讯、有推荐，让知识精英和白领人士用最宝贵的时间读到对他们最有用的书；在那里，应该有个旧书寄售窗口，莘莘学子可在那里淘金，也许他们会意外地得到一本找寻已久廉价但有价值的书本，也可以把自己闲置的旧书寄售在那个窗口，等着它们的伯乐，积攒起来的钱又可以去买一本油墨香味未尽的新书；在那里，肯定要有个休闲吧，渴了，饿了，喝杯咖啡，饮壶茶，吃点点心，又可以继续书山的跋涉，书海的扬帆；我还希望有个外语角，给像我一样喜欢外语的人一个学习交流的场所。学过外语真好，你又多了一种表达的方式，用另一种语言来表达你的感受。

我还希望，我的书吧里有外国朋友，不同的语言、不同的文化总能让人有喜出望外的收获；我希望，我的书吧里有一个聚会空间，可供我的朋友、我的客人开生日派对，搞怀旧晚会，办主题讲座……穿梭在由钢筋水泥混铸而成的高楼大厦丛林中的朋友们，在为事业、家庭、生计忙碌着同时，能有片刻的休闲——静下来，细细品味生的喜悦、活着的意义；坐下来，让心门打开，与亲人朋友促膝谈心，让浓浓的情意流溢，让款款的深情包裹着你我他；实在不得空闲，但又很想找到一本适合自己的心境、自己专业的书本，那就告诉我，我会想方设法帮你们找到所需要的书本……

你们看我是不是太奢望了。我奢望我的书吧能融多种吧的功能于一体：有茶吧的清雅，酒吧的放松，咖啡吧的热烈，网吧的丰富，当然一定要有很多很多的书，很多很多对你们有用的书。我是不是太奢望了？

我的丈夫，我们的亲朋好友被我的创意打动了，打动他们的还有：在一个实利时代升腾起的那一份理想浪漫主义的气息吧。

于是，我开始寻找我的书吧。

上北京，去上海，只为寻找那一份感觉；坐一辆的士，穿梭于杭城的大街小巷，我知道我在圆一个理想的梦。在一次不经意的散步中，我意外地遇见了她。真的是众里寻她千百度，蓦然回首，她就在灯火阑珊处——城西文三西路与丰潭路的交叉路口。城西品牌住宅区本是知识精英与白领阶层的聚住区，又紧傍文教区，莘莘学子、辛勤园丁离我的书吧不远，我的书吧定会在那里找到知音。

我爱书，小时候的物质和精神的匮乏造成了我对书本、对知识的饥渴感；我爱交友，那种不计功利的君子之交让人神往。

想象中的书吧终于要开张了。她，等待着她的知音。“呼唤的和被呼唤的往往是不能应答的。”哈代说。可我说，不！那一声呼唤，那一声应和——正如简·爱对罗契斯特的感应——“I’m coming！”（我来了！）让多少人为之销魂。

在纸质媒体最强势的时候，《好想开书吧》全文发表在《钱江晚报》上，引起了很大的反响。

为什么给书吧取名“纯真年代”？正像花为蝶而开，雨为水而落。“纯真年代”做我的书吧的名字再好不过了——那是一声呼唤、一声呐喊；是怀旧，是向往，当然也可以是反讽，虽然我没这般冷峻。

我们的文化理想是：以“书”为主要载体，通过各种各样人文活动的举办，为爱读书、爱文化的人群提供阅读和沙龙环境，希望这个飘着书香、茶香、咖啡香的空间，弥漫书生学者的雅韵，氤氲文人墨客的情怀。

理想很丰满，现实很骨感。一路走来，我们遇到许多坎坷，许多挫折，许多失落，许多沮丧。

读图时代，谁读书？书吧开了没几个月，我们就推出了“每周读一本好书”活动，希望请到一些作家和爱书的人有书里书外更深入地交流。那时，杭州的各大报纸都会预告书吧的读书活动，每周六的下午 3 点至 5 点，我们就像过节一样，等待着主讲嘉宾和读者们的到场。

到 2001 年，读书沙龙已举办了十多场次，有一次请到的是茅盾文学奖获得者《茶人三部曲》的作者王旭烽。旭烽是当初最支持我开书吧的一位，答应活动邀请自然不在话下。那一年夏天，天气特别炎热，书吧所处的杭州文三西路又数日翻修。我清晰地记得，旭烽如约提前到达书吧，可是左等右等，开讲的时间都到了，就是没有一个读者！我心急如焚，极目文三西路上不见一个行人。如果有人路过，我愿意付 10 元茶水费请他们进来参加沙龙，也不至于让嘉宾难堪，觉得自己不受读者欢迎。

2006 年世界杯，我提前做了大量的准备工作，想吸引更多的球迷光顾书吧，和我们共享世界杯的激情。子潮准备了很多关于足球知识的书本，摆满进门的书架。在书吧门外的人行道上空挂满了吹气足球和宣传彩带，远远看去蔚为壮观。书吧门沿上挂了一条醒目的横幅：书吧也爱世界杯。当天来了两家电视台采访书吧，晚上新闻联播时会播出，我们静等着球迷们兴高采烈地上门来。

可是，就在当晚，一辆大卡车停在书吧门口，卸下机器与帐篷，又开始修理永远完不了工的马路，把来往路人的视线严遮挡得严严实实。满怀的希望又一次落空了。

书吧周五的英语角爆棚影响正常消费的客人，是提价分流还是维持原价？我们纠结了近三个月，最终还是决定用提价的方式把部分客人分流到周日晚上的英语角，书吧才得以正常维持下去。

2009 年的春天，我们纯真年代书吧被西湖风景名胜区作为文化品牌引进到西湖之上的宝石山腰。新环境又有了新难题。因为书吧在宝石山腰，常说酒香怕巷深，但是书吧不仅在深巷，还在山腰，而且没有车可以直达。如何吸引客人上山？每天的物品搬运费用如何降低？过去的茶客是现成的客人，是去还是留？所谓君子远庖厨，那书吧的餐饮如何定位？黄金时间用来做文化品牌活动值得吗？

十多年过去了，现在的书吧任何一场活动都是济济一堂，今昔对比，期间历经多少艰难，不能言说……我们始终不忘初心，所有的选择都指向一个目标：让阅读成为一种生活方式，让沙龙成为一种生活品质。

纯真年代书吧周末黄金时间已经成为品牌沙龙：作家诗人与你面对面，作家诗人作品分享和创作谈；悦读沙龙，阅读爱好者分享、交流阅读心得；学者沙龙，文学、文化、艺术领域资深学者客厅型学术交流分享；双语诗歌品读会，以双语品读诗歌、领略不同国家的诗歌之美；四季读诗会，诗歌爱好者分享原创作品、经典作品和即兴创作作品；文字的影像魅力影视沙龙，由文学经典改编的文艺电影的品赏会；3C 英语沙龙，用英语交流、交友、交心的空间；文青单身派对，书是第二张脸，以书会友，以书为媒；纯真亲子共读沙龙，共读是最好的陪伴；纯真旅行分享会，旅行作家新书分享、资深旅行家游历分享；文学迎新晚会，以文学的形式在每年年末别样迎新，等等。

每年 12 月 31 日是纯真年代书吧文学迎新晚会，一年一册的文学迎新手册由原创朗诵 + 沙龙采撷 + 书友慧言 + 媒体印象 + 锦绣微言构成，是我们当年收获的累累果实，也是献给书友们的新年礼物。文学迎新手册（第 17 届近 18 万字，第 18 届近 30 万字）和原创诗歌朗诵手册 30 余册，字数超过 330 万字，累计发放数万册。这些书籍记录下人们对于文学的追求，收获了大家的好评，并进一步传播书吧的文化理想。

我们始终坚守文化理想，坚持用周末黄金时间举办文化沙龙，虽然在经营上影响了我们的正常收入，但是书吧高品质的文化沙龙和人文休闲氛围形成了以文会友、互动交流、激扬灵感、其乐融融的阅读氛围和人文氛围，这与宝石山的自然环境完美融合，充分展示了杭州开放包容与和谐优雅的精神气度。这么多年来，书吧成功举办了无数场文化活动，其中很多在国内文坛都成为美谈。

不忘初心，不畏艰难困苦，始终坚守文化理想，始终倡导“让阅读成为一种生活方式，让沙龙成为一种生活品质”的文化理念，经年不变的高品质、高频次的文化沙龙活动，以零门槛的公益性、深入的互动体验性，保持格调的同时又充分接地气的特点，为走进这里的广大文人、市民和游客营造了一个湖光山色中的精神家园，把原先走过、路过、错过的棋牌室建设成杭州一处人文旅游休闲景点。

近几年，纯真年代书吧已成为书业同行参观学习的地方，经常有省内外的同行请我分享书吧的经营经验。2000 年书吧去工商注册时无从归类，2005 年建立网站后关键词优化也无从归类，但现在书吧成为一个热词，成为实体书店转型的方向。

纯真年代书吧的美誉不仅仅限于杭州，她的影响力通过书吧经年不变的高品质文化活动波及全国，甚至海峡对岸，以及更远；来往的文化界朋友们无不为纯真年代书吧点赞，南来北往的游客甚至海外游客常常慕名而来……

书吧之所以能存在至今，我想是因为我们只想书吧能够顺利经营下去，并不奢望通过书吧发大财。我们的坚守，让我们的纯真年代书吧越过了险恶的商海，越来越接近我们的文化理想。希望纯真年代书吧，能像莎士比亚书店之于巴黎一样，成为西湖边的一个文化景点，希望宝石山腰这盏暖灯亮得长长久久……

记得 2000 年一个冬日的晚上，看到书吧里每盏暖灯下捧书的人，心中好是欣喜。子潮笑着对我说：我知道这是你的理想，但客人都清茶一杯，书吧要喝西北风了。那时在文三西路的 9 年多，真是艰难，虽然勉力经营，但总是险象迭生，几次都险至关门境地。后来有幸迁址西湖边宝石山腰，总算能够顺利一些了。

我们没有改变初衷，是因为书吧是我和我先生盛子潮互赠的生命礼物。我想把书吧作为生命的礼物留给我的先生，万一我癌症复发离世，他可以有一个找得到我的地方；而他倾家荡产开创书吧，只为圆我一个梦。我们没有放弃，是因为和生命相比，人生真的是在钱财之外；我们始终坚持，因为书吧承载的不仅仅是我们夫妻俩的感情，承载着读者们对我们纯真年代书吧的期望，也承载着与书吧一起成长的孩子盛厦的感情。

在子潮离世不久，盛厦辞去了中信证券公司的工作来帮助我管理书吧。他知道这书吧是我们一家人的情感所在，全身心地投入经营，把书吧建设成西湖边的文化客厅。

我要感谢我们的纯真年代书吧。人生总要从一头走到另一头，是书吧承载着我对生命的理解和对人生的态度。尽管坚守这个书吧，我尝尽了酸甜苦辣、艰难困苦、无望绝望，乃至油生过幻灭感。但是，正像俄罗斯诗人普希金所言：一切都将过去，而过去了的，都将成为亲切的怀恋。谢谢书吧。

当然，我一定要感谢我们纯真年代书吧的朋友们和客人们，是你们对书吧的认同、理解，乃至欣赏，让书吧有了今天的光景。同时，我还收获了许多感谢：市里感谢我们把书吧做成杭州的一张文化名片，把我们纯真年代书吧列入杭州文化创新产业项目，纳入杭派文化创新旅游线路；西湖风景区对我们的工作给予了极大的肯定，评价我们纯真年代书吧是西湖边的一座文化客厅；客人们说，我们纯真年代书吧坐落在宝石山腰，让宝石山成为他们运动、健康、读书、休闲的理由，让本来走过、路过、错过的地方成为坐看西湖四时美景的宝地，看桃红柳绿春之妩媚，看荷花妖娆夏之热烈，看霜叶尽染秋之绚烂，看千树万树梨花开冬之素美……不是所有的工作都能得到认同，但我却是如此有幸，感谢你们的谢谢。

感谢两字真好：我是如此的微小（咸＋心＝感　言＋身＋寸＝谢），却是如此全身心地感受着你们的友情和你们的爱。让感谢两字永远鼓舞着我将书吧进行到底。

纯真年代

2000 年 9 月 28 日开业

宝石山店：浙江省杭州市西湖北山路 33 号东侧小路上宝石山腰

社区店：浙江省杭州市江干区九和路 660 号杨柳郡东公园 18 幢

08 书山有路徐徐行

康海燕　郑永宏　宁波枫林晚书店创始人

2018 年 1 月 27 日，冬日的宁波细雨绵绵，寒意袭人，可我的心中却异样温暖。枫林晚（甬上枫林晚）旗舰店，同时也是枫林晚在宁波的第三家书店，终于在月湖边的金汇小镇开业了。

到场的嘉宾和亲朋好友有一百多人，把这座始建于 1932 年的民国老宅“一言堂”挤得满满当当，书墨香混杂着新出炉的糕点香味在大厅袅袅蒸腾。我的先生郑永宏站在主席台中央向来宾致辞，我怀抱着我家“二宝”安然地坐在人声鼎沸的书店里，回首 16 年的创业生涯，恍然如梦。我抬头望向一言堂老宅中庭高挂的匾额，著名书法家沈元发先生用飞扬遒劲的字体写着杜牧的那首千古名作《山行》：“停车坐爱枫林晚，霜叶红于二月花。”恍惚中，一言堂阁楼的木梯和周围密密层层的书架融为一体，像一道盘旋而上的小径，环绕着这座墨香书峰。我在这悠悠时光中翘首远望，记忆的脚步也仿佛踏入书山，徐徐前行。

懵懂少年，悠悠书缘扎根我心

我出生在浙江的农村，家境并不富裕，兄弟姐妹三个，我老大，从小便要帮助父母干农活。后来上了小学，也要一边学习一边干农活。我那时很爱读书认字，家里的老书、村里的宣传单，甚至是糊在墙上的旧报纸，我都要把头贴过去，津津有味地读了又读。三四年级时，我带着比我小四岁的弟弟上学，弟弟贪玩，到路边的小溪里摸鱼捉虾，我便坐在树荫下，掏出课本来读，四野的风呼呼地吹过耳畔，大团大团的流云相互拉扯着在湛蓝的天空里游走，小溪边偶尔传来弟弟的欢笑声，那是我少年时最沉静也最美好的时光，也是在那样的清纯之年，我在心中埋下一颗爱书的种子。

我的学习成绩一直非常优秀，但因为家境原因，为了尽早就业只好选择就读中专。我考上了当时非常热门的专业——计算机应用基础。1998 年毕业后，我到表哥在杭州的“枫林晚”书店上班，那是一份让我欣喜不已的工作。有书读的日子过得飞快，我似乎又重拾了少年时在小溪边读书的快乐，时光在指尖和书页的夹缝中，悄悄游走，转眼就是几个春秋。

有一天，我忽然接到了我的小学校长的电话，他希望我能返回学校，做一名计算机老师，并允诺我每月 2000 元的工资。当时我在书店的月薪只有 800 元。这无疑是一个改变人生轨迹的好机会。电话里，我的心怦怦直跳，倒不是因为这份工作收入诱人，而是做老师是我一直的梦想。我跟老校长说，让我仔细考虑一下，尽快回复您。

回到书店，正赶上新书到货，我撸起袖子，手脚麻利地投入到拆封邮包、码堆新书的工作中，一直干到黄昏，我擦拭着额头上的汗水，先前狂跳不已的心也彻底沉静下来。橘色的夕阳透过书店的玻璃窗，映照在书架上，书店里暖暖的。

人世间有很多重大的决定，事前毫无征兆。比如，多年后我读到村上春树，他在《当我谈跑步时，我谈些什么》中写道：让他下决心写小说的决定，竟然来自一场棒球比赛，当他看到棒球在天空中划出那道美妙的弧线时，他便决定动笔写作了。而此时的我，正是在这样一个温暖的黄昏里，心中忽然萌生了一个非常坚定的念头：不回去做计算机老师！我要在书店事业上，好好做出一番成绩。

枫林初创，好心人将我们留在了宁波

2001 年的年末，我遇到了我现在的先生郑永宏。他也是个书痴，和他在一起最大的快乐便是谈论关于图书的一切。那时，我俩正巧要合作一份工作，我每天下班后打印浙江大学章学富老师的博士论文，然后永宏认真地帮我一一校对，共同的志趣爱好，日复一日地磨合，我们渐渐彼此倾慕，相知相爱。

2002 年 9 月，我俩一起到离杭州不远的宁波市旅游。一下火车，我们就被这个文化底蕴深厚的城市深深吸引了。宁波市区里高楼林立，水网密布，清幽如碧，道路上的香樟树枝繁叶茂，杂花生树，全亚洲最古老的民间藏书阁——天一阁，就安静地坐落在火车站旁的喧嚣里。鼓楼繁华，月湖静雅，沿着鼓楼——天一阁这条地标型的道路徐徐前行，我们在翠墨浓荫里，深深地感受到了这座城市沁人心脾的人文气息。

年轻人的世界天马行空，无忧无惧，我和永宏竟不谋而合，要来宁波开一家枫林晚书店。2002 年 10 月 1 日，仅仅一个月之后，我和永宏再次踏上开往宁波的火车。这次，不再是走马观花式的游览，我们从鼓楼到东门口，接着又到西门口，然后一直走到了体育场路。一位在宁波的同学，带着我们一路讲解。那时的宁波对我们来说人生地不熟，我们狠狠地在宁波暴走了两天，脚底磨出了很多个水泡。永宏还在一旁打趣说："你看我们多幸福，刚刚和这个城市相爱，便有了爱的结晶。"我在一旁听得哈哈大笑，瞬间打消了周身的疲惫。

那时，鼓楼转角的黄金店铺都在招租转让，但是我俩不敢问，初来乍到的我们，完全没有那样的经济实力。第二天傍晚，我们身心俱疲地坐在宁波的公交车上，在望京路上从北往南行驶着，两眼望着窗外，心里不免打起了退堂鼓。就在这一瞬间，眼前闪过一排房子，就在一座公园之后，一座店面模样的房子映入眼帘——看样子还有空着的店铺，我们决定去看一看。

跳下公交车，江南溽热的深秋气息扑面而来，我们携手而行，无数颗滚落的汗珠掉落在柏油路上，怀揣着两颗快要融化的心终于来到了西门口中宪巷，永宏与我边走边小声商议着，只听到一位戴眼镜的老伯问：“你们要租店面吗？”我们停下来向老伯简单说了一下我们开书店的计划。老伯非常爽快，说：“我这有一间店面，1500 元，租给你们，三月一付。”我俩一听，喜上心头，这样的房租我们完全有能力接受。我们马上签订了合同，老郑留在宁波，马不停蹄地开始装修事宜，我则踌躇满志地返回杭州。

说起书店的装修，真是一个浩大的工程，年轻的我们虽有豪情壮志，可遇到繁琐的细节问题便顿感力不从心。那时市中心的和义大道还是杂货一条街，我跑去货铺摊子找货架，老板热心地告诉我货架要去三市买。我于是又跑到三市，买回三角铁，和老郑两个人真刀真枪地开始了我们的装修之旅。我们搭结构、拧螺丝、做书架，把 25 平方米的三面书架墙全部装好。由于预算有限，其余水电、木工也全由我俩自己动手操办。即便是这样，书店的二楼我们再也没有经费装修了，只是买了一把竹梯代替上楼的楼梯，买了 100 元的一张木工板作为睡觉的床铺，就这样，在好心老伯的偶然相助下，在这个“港通天下 书藏古今”文脉悠悠的古都，在普通得不能再普通的城市一隅，我们的书店悄然扎根下来。

晴日的夜里，透过玻璃窗能清晰地看到头顶的星空，大雨瓢泼的晚上，风声呼啸着在屋顶咔咔作响。我们沿用了“枫林晚”作为书店店名，一是想借杜牧先生这首《山行》之名，勉励自己，书店经营，如书山徐行，需步步努力攀登；而且希望能以“停车坐爱枫林晚，霜叶红于二月花”的境界自律，在沉潜中精进，越发从容。是的，枫林晚是古韵里的“书山徐行”，也是新文化的风雨长亭，在这小小的一框人生初梦里，我常常酣然入睡，醒来便是一个璀璨的黎明。

2002年10月18日，书店正式开业了。为了吸引客流，我俩就在书店周边的小区报刊信箱发宣传单，有时顶着大太阳，骑两个小时自行车到宁波大学，往大学生的自行车车兜里放宣传单，甚至壮着胆子，跑到鼓楼城门口给过往路人发宣传单。为了吸引客流，我们去了所有我们能去的地方。

后来，我们和宁波大学文学社的同学联系上，集中力量做书展。由于我们店面所在的位置比较偏僻，店面只有25平方米，但是为了让更多的人知道我们书店不卖杂书，而是专卖人文社科类的书籍，我们想尽办法增大我们书店的曝光率。一次偶然的机会，我在报纸上看到了《宁波日报》的读书版面，每周都有一版新书推荐，便主动联系报社。报社领导看到我们精心筛选的书单和书写详尽的推荐理由后，被我和永宏的认真态度打动了，最终我们幸运地得到了辅助运营这个版块的工作。能为爱书的人推荐图书，一想到这里我就暗自欣喜。

随着这个读书栏目的发展，很多新老读者拿着报纸，给我们书店打电话。渐渐的，枫林晚书店在宁波的知名度和影响力日渐上升，常常是一箱子书刚到店里，还没上架就有人来挑选，这些老书友中，有不少现在已经成为宁波的藏书家。为了帮顾客把书装箱打包送货，我俩经常要工作到凌晨一两点。苦虽苦，却特别开心。时至今日，很多七八十岁的老顾客仍喜欢到枫林晚买书，就是在那个时候结下的缘分。

枫林晚创业之初，我和老郑每天像上了发条似的干劲十足，精神百倍，我们深深地感念，那些在创业道路上默默帮助过我们的好心人、热心人，是他们的无私和热忱，让我们的小小梦想得以在这个浩大的城市生根发芽，也是在这个时候，我和永宏商量，要将枫林晚打造成一个有“温情”的城市书房：温情是枫林晚诞生的阳光雨露，也必将是它和这个城市同呼吸共生长的纽带，我们就是要做一家“枫林晚照 人间有情”的书店。

苦心经营，像孟母三迁一样在迁徙中成长

为了扩大经营，我们将西门口 25 平方米的小阁楼店面搬到了鼓楼府桥街 100 多平方米的沿街店面。那时候，鼓楼一带既是宁波传统的文化圣地，又是有名的书店街，仅我们所在的府桥街，就有 4 家不同风格的书店。

我们每天分身不暇地“绑”在书店里，像一对配合默契的翅膀，勤快地维系着小小的升腾的梦想。可是年龄不饶人，双方父母看我们老是不去登记结婚，一催再催。因为工作太忙，我们平时无法休息，等到过年放假回家的时候，民政局也已经放假了。眼看过了 30 岁，双方父母下了最后通牒，我和老郑商量，终于在那一年的清明节赶回了老家。

清明节民政局没有放假。我们兴奋地长舒一口气，竟异口同声地说：“终于可以登记结婚了！”当真的把红本本捧在手心里的时候，我的眼眶红热，却无法用言语表述那异样的心如潮涌。苦心经营书店多年，我和永宏之间早已有了心照不宣的默契，有

了肝胆相照的深情，更有了同心同德的生命信条。清明节的结婚登记，更像是冥冥之中一种白头相守的征兆。想到这里，我破涕为笑，幸福地望向永宏：以后，每年的清明节，就是我们俩的结婚纪念日了！

幸福的时光总是脚步匆匆，21 世纪的第 10 个年头，电商迅速崛起，实体书店寒潮突袭，我们就像在时代的洪流中浮浮沉沉的小舟，刚刚扬起风帆准备起航，却不得不在汹涌的漩涡中挣扎突围，沧海一棹，万里飘摇。

生意越来越难做，在我们还未察觉之时，很多同行都已经敏锐地嗅到了实体书店行业的肃杀之气，纷纷关张改行，也劝我们一起另谋出路。洪潮之下，坐在一条颠簸小舟上的我们，却决定咬紧牙关，逆流而上。

2011 年，书店最困难的时期，卖书所得还不够支付店面租金和出版社的书款，月月入不敷出，全年动荡亏损。2012 年初，店铺房租高涨，更是给我们的生活雪上加霜，店里一个帮手都叫不到，只能靠我和永宏两个人苦苦支撑。看着店里风雨飘摇的样子，我的内心也开始动摇了，想去做保险补贴家用，甚至已经通过自学考到了保险执照。但老天爷可能真的不希望我们放弃，在我的资格证拿到后，忽然发现：一个新生命即将诞生——我怀孕了！小宝宝很快有了心跳，在我的身体晃动着手脚。我强烈地感受到一个鲜活的生命扑面而来时，给年轻的我们带来的惊喜和冲动：想一想，要是孩子从小就能在书店里成长，在书籍的世界摸爬滚打，那该多好呀！对我和永宏而言，书店也已经变成和吃饭、睡觉一样的生活里不可分割的一部分。我无法冷酷地割舍这样的生活，正如我无法不去热烈拥抱这个即将到来的生命。

寒潮面前，枫林晚由来已久的“温情”帮我们挺了下来。由于我和永宏此前用心经营，和善而真诚地服务于每一位顾客。我们已经赢得了不少稳定的顾客群体，枫林晚也有了自己的粉丝——“枫叶”，那是久经风霜、红胜春花的枫林晚的真朋友们。

总是有很多“枫叶”来帮助我们。我记得有位老书友，每回见他都穿得破破烂烂的，背着个蛇皮袋，好像拾荒的老人。有天，我看到他专注地在书架上查找新书，我便自顾自地收拾东西，没有上前打扰。没想到过了一会儿，他搬着一大摞书来买单，我一看有十几二十本，大吃一惊，便和他聊起天来，才得知这位老人是个业余书画家，还特别擅长黑板报。这样的散客大户，后来还亲手为我们的书店画黑板报，每次看到老人家，我都赶忙倒上一杯热咖啡送到他的手中。

还有一位老顾客，每个月都要来好几次，每次都要挑好大一摞书，但大多不是给自己的，而是送给朋友的。有一年，他还托我们帮忙买了一套公务员考试书籍，只是为了了解现在年轻人的想法。面对这样有思想、真爱书的顾客，我每次都积极地记下他的需求，并和前面的书单反复对比，认真地帮他挑书、选书，日子久了，我渐渐把脉到他对书的喜好、品味和特殊要求，每次他来店里，我都能很快地帮他完成推荐。后来，老顾客夸我人好，有灵气，还开心地说：“来枫林晚找书，就像来自己家吃饭一样，每道菜都可口。”这句话，再一次鼓励了我，把书店开好，光凭一腔喜爱是不够的，还得沉下心了解图书的内容，了解客户的具体需求，专业深入了，功夫到位了，成绩自然也会来。

2012 年年终，书店的房东忽然要回收房子，当时通知得非常急，没有给我们留下多少考虑和准备的时间。我俩一时都慌了，急得四下寻找店铺，可越是着急，越是找不到。就在我们一筹莫展的时候，枫林晚的书友们知道了我们的情况，纷纷向我们伸出了援手。有的帮我们联系店铺，有的帮我们打包图书，有的帮我们在媒体上发起号召，召集全城的爱书人共同帮助我们渡过难关。在搬迁的那一天，二十多个书友自发来到书店，一双双无私的手帮助我们一捆一捆、一包一包地搬运图书，书友们连成了一条长龙，在鼓楼的老街上浩浩荡荡。这一幕，虽然没有留下照片，却永远地留在了我的心里。

新的店铺也在鼓楼，离原来的店面不远，只是从一楼沿街挪到了二楼的拐角，位置隐蔽，大大影响了书店的生意，有好多老顾客打电话询问新店的位置，路过的书友也不像以往那么多了。

为了改变这样的局面，我们咨询了很多同行和朋友，最终决定改变原来单一的图书销售经营模式，在书店里提供咖啡、甜点，并开设了文创产品展台。为了进一步的聚拢书友，同时也发挥多年书业经营积累的作家资源，我和永宏商量，在书店有计划地进行系列的读书会活动。

万事开头难。我和老郑都没有文化活动运营经验，书店的日常经营已经填满了我们的生活，偶然腾出精力仓促置办的读书活动，参加者寥寥。但我和老郑一起用心钻研，真诚地对待每一位到店分享的作家，认真地阅读他们的作品，发布细致的活动通告，通过研究往期的购书单，有针对性地对部分读者进行电话通知。

逐渐地有书友自发来做志愿者，帮我们做活动策划、做主持人、做摄影师、做海报，枫林晚的读书活动慢慢地丰富起来。

永宏烧得一手好菜，有时候活动结束很晚了，作家和书友们还谈兴甚浓，他便亲自下厨，在书店的阁楼里烹几道可口的小菜，再邀请作家、书友和我们这对老书虫一起入座，边吃边聊诗酒人生。鼓楼白日的喧嚣已然散去，城市的华灯为老街笼罩着一抹静怡韵影，此时此刻，我的脑海中回荡着诗人北岛那首著名的《波兰来客》：

“那时我们有梦，关于文学，关于爱情，关于穿越世界的旅行。如今我们深夜饮酒，杯子碰到一起，都是梦破碎的声音。”

这便是后来享誉宁波城的“枫林夜宴”的雏形，也许当时懵懵懂懂的我们并没有怎样宏图巨制的构想，只是单纯地想款待作家和书友们，想让思想的强音在书店的格子间里四下回响，想让一个有温情的书店，不但拥有家的体温，更应该拥有家的味道。几年后，我们的活动越做越好，著名作家止庵、史航、阿乙、申赋渔等都成了枫林夜宴的座上宾客。

2015 年世界读书日前后，我们发起了一场“5 元众筹书店”的活动，在鼓楼的督学行署办了一个为期三天的书房，展示书文化、茶文化、宁波传统的金银彩绣。我们还邀请了“独立星球”的孩子们来展示自己的画作。看着孩子们天真的笑容，作为一个孩子的妈妈，我也觉得很开心。出乎意料的是，这场活动后来还登上了《浙江日报》的半个版面。我从来没想过我们这么小的一家店竟然还能出现在《浙江日报》上，这给了我和永宏更大的鼓励。

2015 年的下半年，经过长时间的沟通，我们联系到了国内知名的书籍装帧设计师朱赢椿先生，邀请他来宁波举办“虫子旁，回到大自然的家”主题展览，这次展览在宁波引发了很大的关注，媒体纷纷来采访报道，来观展的人也络绎不绝，连朱赢椿老师本人都对我们的活动组织赞不绝口。其实他并不知道，这次展览背后有多少书友默默助力支持。不要说媒体宣传，单是展览中用到的陈列品：树枝和落叶——都是书友驱车一百多里，从宁波四明山的狭长的山麓里亲手搬运回来的。

2015 年注定是忙碌的一年。我们从年头到年尾，马不停蹄地联系出版社举办各种活动，还在人流密集的南塘老街景区开了一家以宁波本土文化为主题的分店。我和永宏都算是新宁波人，当初就是因为第一眼的缘分，才选择来这里深根成长，在这座书香古城生活了这么久，早已有了深厚的感情。推己及人，我们也想给其他路过或生活在这里的人，留下一点关于这个城市的好印象。

2018 年年初，枫林晚老店又迎来了一次搬迁，相较 2012 年的焦急出走，这一次的重组旗舰店，更像是一场旗帜鲜明的主动进攻。15 年间，书店三次搬迁，在同行纷纷搁浅、凋敝的寒潮之下，枫林晚劈波斩浪，逆势上扬。我们像孟母三迁一样，在迁徙中成长壮大。

书山有路，家园是温暖的天堂

枫林晚是书友们的家，同时也是这个城市精神家园的缩影。

坐落在宁波南塘老街的枫林晚书店就是以城市文化为主题的。依托宁波深广的历史人文积淀，和天一阁得天独厚的书楼文化，枫林晚书店联合本地文保机构及国内优秀的设计团队，共同开发了一系列具有鲜明本土特色的文创产品，将宁波地缘文化、海派文化、书楼文化、耕读文化、梁祝爱情文化，由点及面地进行有机串联，最终形成一脉相承、层层渗透的创意矩阵和产品套系，为推助本土文化贡献了自己的力量。

由枫林晚主导开发，以1846年至1850年间的《宁郡地舆图》为蓝本的手绘宁波古地图，一经推出，就受到了宁波市民和各地游客的青睐，多次被浙江各大新闻媒体报道。这样的爆款文创产品，既古风优雅，又是现代网红，枫林晚作为开发和传递本土文化的一员新兵，能有这样的收获，让我倍感欣慰。

2018年，枫林晚旗舰店乔迁至月湖一幢3层楼的民国老宅，离天一阁很近。这座老宅子，毗邻月湖，葳蕤繁祉，似静若临水照花的美人，是当年宁波老字号"一言堂百货店"老板刘延寿的私宅。一次偶然的机会，我们在查阅老报纸时得知，"一言堂百货"在19世纪末的时候，还是一家书店，叫作"一言堂书庄"，而且也和我们一样是复合式的经验。不仅卖书——经史子集、字帖画本、传奇小说、弹词曲谱、蒙学读物等，一应俱全，甚至连文具、兑币、换药这些业务也有涉猎。没想到一个世纪后，我们竟然跨越时空，续上了这段缘分。

老宅墙面斑驳，苍白的雕花门头和吱呀作响的木楼梯，总让人心生家园般的熨帖和安然。在梦想的道路上，我想我一直是个幸运的人。

阿根廷著名作家博尔赫斯说过，如果有天堂，它一定是一座图书馆的模样。是啊，这座卷帙浩繁的书山，既是我们柴米生活的家园，又是我们精神长青的天堂，而我愿意在这座书山宝库中，热诚地服务我的书友们，做一名“风雨未还家”的樵夫，做一名“遥指杏花村”的牧童，更愿意尽情地拥抱着这“停车坐爱枫林晚，霜叶红于二月花”的诗卷人生。

枫林晚

2002 年 10 月 18 日开业

月湖店：浙江省宁波市海曙区青石街 36 号（金汇小镇内）

南塘店：浙江省宁波市海曙区南塘老街二期c区（南塘河街 133 号）

联谊店：浙江省宁波市海曙区国医街 85 号联谊宾馆一层

09

城市之光，另一个世界的出口

小　开
郑州城市之光书店创始人

1990 年毕业到书店工作，进入图书销售这个行业已经 28 年了，也算是见证了这个行业的变迁吧。岁月无声，时间真是飞快。很多当年城市之光的小会员，如今已是鼎立之年。朋友们对我的称呼也由“小开”“开哥”变成了“开叔”。

这些年总被问到或提到“坚持”这个词，对此，我一直无所适从很不适应，或者说不喜欢甚至抵制这个词。于我而言，只会做这一件事，其他的能力已经残了，所以谈不上什么“坚持”，真扛不住的时候，该关门还是得关门。商业规则，在我看来，死亡也是有尊严的。

2004 年动意自己的书店的时候，就想做一家不仅仅售卖图书的书店。身边很多朋友、书友，除了阅读，也听音乐、看电影或者玩摄影什么的；另外，我的很多朋友都是在书店里相识、相交的，所以希望做一间更好玩儿的更丰富的具有交汇性的不像传统书店的书店。

2004 年开始选址的时候，最初在金水区寻找合适的店面，历时一年多时间，几经波折还是无果。后来，无意中在《郑州晚报》中缝的广告栏看到二七区桃源路郑州大学南门的招租启事，阴差阳错，书店就坐落在了郑州大学老校区的门口，也算是与郑州大学的渊源吧。

为了给读者提供一个宁静、悠远、隔离外界喧嚣的阅读空间，我们与设计师用了三个月的时间泡在工地现场，呈现了城市之光的基础形态。

2005 年 12 月 8 日，城市之光试营业。2006 年 3 月 18 日，城市之光正式开门迎接读者。

城市之光在图书品种的定位上，以文学、电影、音乐、艺术、设计、哲学、历史、文化、品质生活为主，增加了原创民谣音乐人的 CD，具有文化元素和设计概念的文创产品（本子、书签、明信片、海报等），手工制作的生活品，以及咖啡饮品为辅。

为了丰富城市之光的阅读空间，提供多元化服务，我们把自己珍藏多年的近万张电影 DVD 和音乐 CD 拿出来与会员分享，同时提供店内所有图书的借阅服务。

十几年里，城市之光与郑州大学的师生结下了不解之缘。2016 年的 4 月，郑州大学产业处的领导盛情地邀请我们到高新区长椿路郑州大学新校区门口再开一家城市之光新店。

2005年，城市之光创立之初，我们写下了一段话：如同卓别林的电影《城市之光》一样，我们在这个城市的水泥森林中流浪，寻找爱情，寻找梦想，生活中却充满了浮躁、不安和紧张，这些情绪如同梦魇与每一个城市人紧紧相随。在一个阴郁的下午，放下心情，品一杯咖啡，读一本好书，这世界的纷扰仿佛也变得遥远了。书店，是城市的一个梦，是一种生活方式，它提供阅读、聆听与交流，在精神层面上承载着与另一个世界的出口。作为“垮掉的一代”的发源地——美国旧金山的城市之光书店，代表着自由、平等、先锋的生活理念，与城市之光的相遇，就好像与一种生活方式的相遇。我们的城市之光正是源于这样一种梦想。

2018年3月24日，第二家店“城市之光文艺飞地”开业典礼，这一天恰好也是旧金山城市之光书店创始人、诗人费林盖蒂的生日，他的诗集《心灵的科尼岛》发行了数百万册，费林盖蒂已99岁高龄。旧金山城市之光书店是金斯伯格和凯鲁亚克的“家”，“垮掉的一代”的大本营，出版了金斯伯格的《嚎叫》、凯鲁亚克的《在路上》等，如今仍旧在因特网和流行文化的滚滚洪流中傲然屹立。

我们也窃窃地希望：在这里，能走出有文学成就的青年，照亮这个世界。耳赤的是，我没有能力像费林盖蒂一样成为一个诗人。3月24日，这一天也是一位中国诗人——海子的诞辰，愿海子在天国依旧在写诗，他的诗歌陪伴我至今。1987年诺贝尔文学奖得主布罗茨基说：“我坚信，一个阅读诗歌的人要比不读诗歌的人更难被战胜。”也许，这就是我没被压倒的一个支点。

费林盖蒂对他的城市之光售卖图书的原则是：不一定卖世界上最畅销的书，但一定要卖我们认为“本应在世界上最畅销”的书。我们的城市之光，在书籍的选择和定位上，也是以文学、哲学、历史、艺术等人文书籍为主，特别是二十世纪以来的现当代文学与诗歌。

2010年诺贝尔文学奖得主、秘鲁作家略萨说：“一个没有文学的社会，或者文学在社会里作为不可言说的嗜好而置于社会生活的边缘，以及变成几乎是有强烈派别意识的信仰，那么这样的社会注定会从精神上变得野蛮起来，注定会危及社会本身的自由。”这句话令我记忆深刻。文学不仅仅是业余的消遣，它是我们观察世界的方法之一。

原本想把新店开业典礼的日子也放在3月18号，和桃源路老店同一天，因故推迟了一周，最后定在了24日，恰巧是费林盖蒂的生日；2006年桃源路老店开业的日子选在3月18日，因为那天也是个周六。一切不经意却如此巧合，冥冥之中，好像有某种因缘与力量护持着城市之光。

为了给爱书的和喜爱文艺的读者提供一个互相交流沟通的平台，城市之光立足本土，以书店会员和本土文化人为主体资源，自2006年7月30日文化沙龙活动正式开启，第一期是郑州大学文学院的翟相君教授漫谈《诗经》。活动内容与形式有新书推介会、作者见面会、阅读分享会、诗歌朗读会、音乐赏析、原创音乐人LIVEHOUSE现场、文艺电影赏析、独立导演见面会、小剧场话剧、绘画与摄影展览、摄影活动外拍、文化座谈与讲座等，截至2017年底，共举办各种活动四百余场。

除了在店内组织活动，我们还与本地各个文化机构、学校和媒体合作，支持并参与学生以及年轻人的文化活动和创作。为了让好书走近学生，我们在 2008 年至 2010 年期间，分别在郑州大学（三个校区）、河南大学、河南农业大学、河南工业大学、河南轻工业学院、中原工学院、中州大学、易斯顿美术学院、黄河科技大学等院校进行了巡回书展，为广大师生送去品质最好的图书，同时进行关于图书阅读的宣讲。

2016 年 3 月 18 日，城市之光十周年，我们收到了几十封读者来信，记录了与城市之光的故事，读者中有学生、教师、公务员、公司职员、诗人、作家等各行各业的书友，除了郑州的读者与会员，还有来自深圳、重庆、长沙、天津、太原、北京，更有日本京都、美国堪萨斯、英国伦敦的书友来信，无论天涯海角，这些记挂着城市之光的朋友们的友情，我们永远珍藏铭记。

2016 年城市之光开业十周年，在 4 月 23 日世界读书日，城市之光书店举办了“我最喜爱的一本书，疯狂朗读夜”活动，特邀嘉宾：罗金羽（诗人）、杜君立（作家）、祝大同（作家、编辑）、思郁（书评人）。这次活动，我们与全国十家优质书店空间，北京、南京、厦门、上海、青岛、郑州、西安、广州、沈阳、乌鲁木齐 10 个城市联动，由腾讯新闻全程在线视频直播，豆瓣网首页推广。

城市之光作为一家规模不大的小书店，十几年来得到了诸多读者的认可与支持，收获了众多读者的友谊，结交了这么多朋友，已经跨越了商家和顾客的关系。我想，这不仅仅是因为这间书店，更是书架上的这些书籍。博尔赫斯说：书籍是记忆和想象的延伸。

我相信，每个人的内心，都有一份对真、善、美的渴求，对书架上这些记载着人类文明的书籍的尊敬，对那些伟大的心灵、伟大的灵魂渴望去靠近的内驱力，大家爱屋及乌，才喜欢上了城市之光。

很多会员把城市之光当成了第二个家，当成了自己的客厅书房，有从外地寄来明信片的，有从外地给我们邮寄水果的，有旅行归来带回纪念品的，有送茶叶的，有自己做蛋糕专程送过来给我们品尝的，有为书店烧制带“城市之光”字样的陶罐的……

还有读者给书店留言的，有给书店写诗写文章的，有在书店人手不足时义务服务的，更有在书店资金遇到困难时伸出援手解囊相助的……

2010 年 12 月，陆沉为城市之光书店创作歌曲《City lights》：孤独的天使 / 卷动沉重的乌云 / 远方的达摩 / 吟唱着微笑 / 掌心的眼睛 / 照亮微弱的城市 / 行进的足迹 / 在路上相遇……

2016 年 2 月 28 日，城市之光的一位会员把神圣的结婚典礼仪式选定在了城市之光举行!

该如何描述并感谢大家的关爱呢？！语言已无力，我们只想说：城市之光在这里，静静地存在，干净，温暖，为你!

十几年的时间，有太多太多的民营书店倒闭关门，让人唏嘘扼腕！城市之光也一直挣扎在生存的边缘，如何给实体空间注入更好的交汇性和生存的可能性，一直是我们正在思考的课题。

城市之光第二家新店，我们在老店原有的基础上，做了更多的延伸，希望进一步增强人与人之间的交流以及在书店的驻足时间，或者说希望有更多的人能在此驻留，为此，我们增加了可以24小时阅读与休息的胶囊空间，又增加了一个可以供应西餐的厨房，解决了在书店长时间驻留的读者的饮食与休息问题。

白天这里是安静的，是一间书店、一家咖啡馆、一个画廊、一个阅读交流的场所，人家可以在这里消磨时光；晚上这里是动态的，是一个音乐LIVEHOUSE、一个小剧场、一个影像论坛、一个小酒馆、一个高谈阔论把酒言欢的聚会之地。我把这个很难准确定义其空间属性的地方称之为“城市之光文艺飞地”，希望这里能成为一个自由、斑斓的陆上行舟。

盼望一个个的“我”和“我们”在这里自由地憩息、交流、碰撞、成长、创造！

我相信，每一个个体，都有对美的渴求，美的文字、美的图画、美的声音、美的影像、美的味道、美的面孔、美的灵魂……忘了在哪里看到的一句话，大概是茨维塔耶娃、里尔克、帕斯捷尔纳克的通信集：“只有美的祭司与俄耳甫斯的翅膀……才是地球死亡前的永恒。”

在新店，有这样一个特殊的综合空间，具备了让艺术作品与更多的文艺爱好者零距离接触的可能性，也为从事艺术工作的朋友们提供一个展示交流的平台，我们给展览的空间起了个名字——“微画廊”。木心先生说：“美学是我的流亡。”我不是从事艺术工作的，但我愿把这句话作为我存在的依托。

聊天时，从我的搭档那听到一个词——“未完成”，用于对某件作品的描述，受到启发，我想，城市之光将永远处于“未完成时”，我们将怀着对未来的敬畏之心，砥砺前行。借用凯鲁亚克的那句话："在路上，永远年轻，永远热泪盈眶。"

最后，祝福我的朋友们，以及每一位支持城市之光的读者，愿你们有丰盛的食物、温暖的床榻和美好的时光。

城市之光
Reading · Thinking · Listening

2006 年 3 月 18 日开业

桃源路店：河南省郑州市二七区桃源路（淮北街口）郑州大学老校区南门西侧

长椿路店：河南省郑州市高新区长椿路（翠竹街口）郑州大学新校区东门向北 100 米路东

10

不要人夸颜色好，只留书香满乾坤

陈　桂　深圳尚书吧总经理

来到尚书吧工作之前，我对书店最深刻的印象还停留在小时候去过的兰州张掖路新华书店，以及一度非常喜欢的“纸中城邦”，其他书店也去过，但都是匆匆过客，没有太多感触。未曾想，若干年后，尤其是一直从事IT行业的我，有朝一日，每天浸染在书吧里，为它欢喜为它忧虑。

在实体书店各具形态，大家都在探索新时代新空间下的新模式时，我也在重新认识书店这个业态，了解尚书吧的过去，经历尚书吧的现在，思考尚书吧的未来。

对我来说，一切都是新的开始。

很多人都曾有过开书店、开咖啡馆的愿望，憧憬音乐低回、书香盈怀，一杯咖啡悠闲相伴的日子，而我从来都没有过这种念头。直到2017年9月，正式接手经营，也没有觉得即将经历的是份让人羡慕的工作。大概是在IT企业待得久了，长期以来惯于用较理性的思维方式去判断，我清楚地知道，经营实体店谈何容易，更何况我还是一个完全没有书店和餐饮行业管理经验的人；但反过来一想，这又何尝不是一次难得的经历和挑战。

方寸天地之间，书吧虽然环境优雅，是看书雅聚的好地方，但承担的经营压力和事无巨细的操心也是扑面而来的。我经常告诉自己，当你面临新的变化和问题时，一切都是最好的安排，无论结果如何，都是不断学习、提高自我的好机会。

经历半年的磨砺之后，自嘲“无知无畏”的我，在很多个收工后的夜晚，倚在床头灯下，再次阅读扫红早年撰写的《尚书吧故事》和《坐店翻书》时，已然和当初草草翻阅感触大大不同。很多相似的情节还在上演，很多不同的故事再也无法复制。

我突然就想起了一位经常来书吧至今仍不知姓名的女士，大约比我年长几岁，她不像其他客人都在忙着自己手头的事，或在电脑前或看些资料或低语交谈，而她只是静静地坐在那里，早先曾经简单交谈过两句，她只是说，店里的音乐非常好听，每一首都喜欢。后来我仔细观察，她真的是在倾听店里放的背景音乐，经常会坐好几个小时，偶尔还会取下扎头发的发绳，非常放松惬意的样子，那幅画面我经常会想起，从此便不忍心打扰她，而我能做的就是精心挑选每一首乐曲，经常更新，让这份美好感染更多的人。最近精选了央视热播节目《经典咏流传》中很多好听的曲目，希望她能喜欢，也希望在此驻足的读者或是匆匆过客都能感受到中华的五千年文化、三千年诗韵。

书吧临玻璃墙面陈列了一个海天出版社出品的图书书架，旁边是一张小桌两把软椅，偶尔我坐在那里就会想起一个非常难忘的小书友，她有个很好听的名字——如意，十七八岁的模样，当天是和妈妈一起过来，在旧书藏书区流连许久后，兴奋地跑到妈妈身边：“这个书店里很多旧书咱们家都有呢！”突然看到妈妈就座的小桌旁书架上标了“海天出版社”，更是兴奋不已，拉着我说：“阿姨阿姨，我写的一本书也是海天出版社出的！”哇，我马上对这个小姑娘刮目相看，尤其得知她在小学四年级已经开始出书后更是赞叹不已。只是自从那次见面后我再也没有见过她，再翻微信，已是在国外求学了。小如意，阿姨真希望能再见到你呀，你对尚书吧陈列书籍流露出的喜爱之情，让我觉得坚守这样一家实体书店，若能陪伴越来越多像你一样喜欢阅读，能从书籍中汲取力量的孩子，该是多么有意义的事情。

因书结缘于书吧的客人还有很多。2017 年 9 月，我们在公众号里发过一篇《北海老郭 | 风里雨里只为寻你；尚书吧 | 不畏风雨只为等你》，感动了很多像老郭一样热爱尚书吧的书友，也感动了我们自己。从北海赶来的老郭从姚峥华所著《书人小记》中看到尚书吧，心心念念要来看个究竟。怀揣从北海图书馆借出的《书人小记》和一份现代人很少再用的纸质地图，老郭在暴雨后的清晨坐在书吧门前摇曳的竹林边，与我们的尚小书侃侃而谈，眉宇间尽显笑意，我想那是心愿达成后的满足和欣慰。

同样难忘的，还有指引我在这个行业里一点点学习积累的良师益友，每天与我一起焦虑、一起开心的小伙伴们，我们一起布置会场、清洗杯盏，一起设计产品、修改文案，也在无数个星空下一起谈理想，畅想未来……

我是幸运的，有了像如意、北海老郭这样的书友，有了这些不可或缺的同行小伙伴，才让我这个行业新人，一次次在未知领域的摸索碰壁中，在面对柴米油盐、捉襟见肘的经营压力时，一次次告诉自己坚守的意义。

2017年年底《藏书报》约稿时，我曾经写过：这是最好的时代，也是最坏的时代，我们享受了互联网海量信息的便利，享受了阅读方式的多元化，然而手机、Kindle这些新媒体的冲击彻底改变了大多数人的阅读习惯，卖书难，卖旧书难，开尚书吧这样的实体书店卖旧书更是难上加难。

尚书吧是爱书之人在深圳的据点，而我身处其屋檐下，迎来送往众多富有情怀的读书人，为之打造文化交流的平台，乐在其中。爱好与情怀完美的结合，该是许多人心中理想的样子，但作为一个书吧的经营者来讲，不得不煞风景地说，情怀终是难逃现实经营困难的裹挟。偌大的空间里，经常是客人寥寥无几，门可罗雀。而在同时，邻舍的餐饮店里却人声鼎沸。

面对经营压力，我必须不停思考：怎么给予尚书吧一个正确的定位？怎么提高流量？尚书吧作为一个古旧书店在当下市场经济里如何生存下来？这一个个问题都在彰显传统古旧书店与现代经济模式相融合的难度。在IT行业浸染多年，我自然知道，现代科技、信息化技术能使书吧走上时代前沿，无人值守、智能搜索引擎可大量减少人力成本、提高效率，但这种便利会将尚书吧的初衷推向何处？那些千里迢迢只为淘书之乐的人去往何方？更别说体会城市因书店带来的文化空间与人文气质……

书吧经常会有新人加入，也经常会有小伙伴离开。人员频繁流动成为经营的棘手问题，这也和我们目前书餐结合的经营模式有很大关系。加入尚书吧，皆因有一丝丝情怀、一点点梦想。门前千竿竹，家藏万卷书，尚书吧的样了是如此美好，当走近置身其中时，很多琐碎千头万绪，一点一点消磨初时情怀。以书吧现有的经营状况，不能给予高素质人才相应的薪资回报，现有员工又常常不能满足工作要求，影响效率。如何才能把书吧做得更好，让在此工作的年轻人无论在学识、格局还是收入上都比同龄人收获更多，是我经常思考的问题。

在网络、新媒体的冲击下，传统书店的图书销售困难，尤其尚书吧是以售卖古旧书为主，图书的营业数字更是单薄，但因浓厚的文化氛围及安静优雅的环境，已成为理想的阅读和雅聚空间。许多年轻人选择来此办公，孩子们则结伴前来读书、写作业。书吧的光线稍显幽暗，察觉灯下的书友及孩子们的用眼辛苦，我们特为此置办一批光线明亮柔和的阅读灯，与其说这些灯光点亮了客人的视线，其实温暖的灯光更是像我们这样的书店从业人员的坚守的决心。大概在每一个经营实体书店的人心中，这样温馨美好的场景是我们最想追求的境界，虽然舒适的环境面临的也是营业翻台率低的尴尬处境。看似微乎其微的关心，却让书吧与顾客形成更多的情感互动，让我们承担更多责任和使命，“大庇天下寒士俱欢颜”终究是我们所追求的最高理想境界，现实中难以洒脱。

作为书吧经营者，引导优质阅读、传播传统文化、营造良好的阅读氛围一直是我们长期坚持的方向，书吧因此举办了很多公益活动，尽管其间也遇到各种困难与挫折，但从未轻言放弃。

2018 年第 1 期公益读书会，从初期构想到邀请嘉宾，再到与嘉宾沟通档期、选题，最后到正式开展，前后经历月余，付出大量精力、财力、物力。尚书吧的小伙伴们对此怀有满腔热血，加班制作海报，写宣传文案毫不含糊，满心期待读书会的来临。不同往日活动的清冷，响应读书会者众多，报名人数超过预想。在讲座开始之时，来者不到半数，其间陆续有人推门而入；不少听众只顾拿起手机拍照发圈，却对演讲内容无多大兴趣；或有小孩已靠在父亲肩上，呼呼大睡。尽管如此，我们还是在狭小空间里尽可能安排可供聆听的座位。值得欣慰的是，总有用心聆听、奋笔疾书、认真讨论的书友，也正是因为这些积极参与的书友给了我们坚持的力量，即使投入了大量精力和成本，我们依然坚持以小书店的力量，让更多的书友受益，享受更有价值的文化、文创、传媒服务。

据最新数据显示，伴随中国经济发展与商业转型升级加快，实体书店开始有回暖趋势，迎来新一轮的书店开业热潮，在向同行积极学习的同时，我们依然坚持销售旧书、二手书、古籍、善本珍本书，在未来的计划里，做出特色，坚持特色仍然是我们将要长期坚守的经营理念。

作为新人，慢慢了解到，书吧自创立以来，已经承办和组织的各类文化活动 400 多场，各种专题的图书展览近百场，销售古旧书 20 多万册。创立初期四五年间，还举办了 50 余场主要由市民参与的古旧书交流活动，每次交流活动人流量达到千人左右，丰富了深圳这座新兴城市的古旧书文化交流。

2013 年承办深圳古籍文化交流会，2015 年参与筹备深圳古旧书收藏专业委员会。在过去的三年连续成功承办大规模的深圳私人藏书联展活动，据不完全统计，参观近十万人次。举办过众多读者与作者、编者、装帧者及出版者的见面会分享会，以书吧为平台，搭建读者与作者、编者和出版者之间的沟通桥梁。

经常有人讲尚书吧是深圳的文化地标，我接手书吧经营的这段时间深有感触，不仅从经年累月积攒的嘉宾签名簿中可见一斑，我也有很多亲身感悟。我越来越清晰地感悟到，走过 12 年的尚书吧，最大的骄傲是不论经历怎样的艰难时刻，都能回到初心，坚守特色，这样的独立书店从来不是为赚钱而生，我们有幸以小书店的一己之力，成为这个时代阅读生活的倡导者、见证者和参与者。通过高品位选书标准，引导优质阅读方向，让更多人在当下品读新书之余，也能感受到故纸之美、铅墨之香、藏书之乐。

也许人生最难得的是认清现实却倍加热爱，经历风雨后仍初心不改。我不能期许自己在这个领域能做多久，但我希望当下努力的每一天，在尚书吧倡导充满爱、信任、责任感的企业文化，传承书吧多年沉淀的文化气质。但愿在不久的将来，有越来越多独立书店经营者，不仅心怀星空，也能脚踏实地，不仅能够畅想未来，也能勇于担当，把握现在。

写到这里时，恰巧看到书吧书法班的学员正在洗砚，墨痕如梅，书香满溢，不禁想起王冕的那首《墨梅》，不要人夸颜色好，但求香气满乾坤。经营一家小小的书吧何尝不是这样？尚书吧这么多年来，承蒙大家青睐和认可，取得各种社会荣誉，可谓颜色独好，但我们心中的使命和责任仍是那抹书香。

BAR

尚書吧

2006 年 11 月 6 日开业

广东省深圳市福田区福中一路中心书城南区首层 S182

11 重新认识书店

赵越超 北京彼岸书店创始人

彼岸书店，2008年开始筹划，2009年9月试营业，一晃9年多了。在这9年中，对于书店的不断的重新认识，其实是从未停止的。

近十年来，是中国独立书店行业不断变革、凤凰涅槃的十年。彼岸书店开业不久，就面临书店行业大规模的关门潮，2010年是第三极书局和国林风图书中心，2011年是风入松书店和光合作用书房，其他各种小独立书店关门更是不计其数。那几年整个行业都太悲观了，大家似乎都看不到未来的方向。

而那时，我们其实是无知者无畏般开办了独立书店，并极其幸运地活了下来，期间经历了太多痛苦的抉择和起伏，并不像传闻中的那样“坚持梦想，逆势而上”，那都是不了解我们的朋友夸张地赞许。

在这些年中，不断有人问我问题，甚至可以说几乎天天都会有人想和我聊聊，总结下来主要是下面几个问题，对这几个问题的回答，应该也就是彼岸书店对“重新认识书店”这个大标题的小小思考。

一问：还有人逛书店吗？网络上多便宜

这个问题几乎每个人都会问，圈子外的人问，圈子里的人也问。

我发现，很多身处图书圈子里的人，还经常说两句话，一句是“网店的兴起抢了实体书店的生意”；一句是“买个麦当劳多少钱？买本书多少钱？”

我想纠正一下这两句话中的问题。

首先，网店不是实体书店的敌人，其实更应是实体书店的朋友，正是由于网店的兴起，广大读书人才能方便地买到需要的图书，只要还有人在网店买书，就一定会有人来逛实体书店。如果有一天连网店都没有人买书了，那才是真正可怕的事情。

近30年来，中国经济发生了巨大的变化。零售业可以总结为三个阶段：

第一个阶段是“商品营销时代”，属于“短缺经济时期”，别人没有我有，别人的商品少我的商品多，那就可以活得很好。后来竞争起来，那么就是看谁的价格低，这一时期后来发展的极端就是大卖场和超级市场的兴起。

第二个阶段可以总结为“服务营销时代”，当商品极大丰富起来，价格也都相差无几的时候，谁的服务好，谁就能获得市场，这一时期喊得最多的就是“顾客就是上帝”，而海底捞的极致服务模式就成了服务营销的代表案例。

第三个阶段，我认为是“美学营销时代”，当物质极大丰富，顾客的素质和眼光越来越高时，消费已经不是生存的必要，而成为生活的体验了。近10年来，国人的见识不断提高，眼界不断开阔，读者早已经不满意传统书店的简单形式了。空间是否敞亮，环境是否舒适，灯光是否适度，甚至是图书的美陈方式，都成为能否留住顾客的因素。

如今，租个四白落地的空间，放上书架摆上图书就想开书店，那个时代已经过去了！

所以，并不是网店打败了实体书店，是传统的实体书店没有跟上时代的脚步，被时代淘汰了。

当传统的实体书店纷纷关门时，正是网络书店让读者们能够比较方便的采购图书，延续大家买书和读书的习惯。从这个角度讲，实体书店应该感谢网络书店，网店是实体书店的朋友，今天是，以后也是！

换句话说，如果现在我们还在抱怨互联网，以网络为敌，那就应该被淘汰！

所以，“网店的兴起抢了实体书店的生意”，这句话是不成立的。

二问：“买个麦当劳多少钱？买本书多少钱？”

这句话最近竟然还有图书行业的人反复再说，我想告诉大家，吃饭和读书，这不是一个层次的事情，没有可比性。

美国心理学家亚伯拉罕·马斯洛有一个人类需求层次理论，也就是常说的“需求金字塔理论”，吃饭这个需求是第一层次需求即“生理需求”，在金字塔底端，是人的基本需求，只有满足了这个层次的需求，才能向上发展。而阅读图书，可以归入“求知需求和审美需求”，马斯洛把这一需求放在第四层“尊重的需求”和第五层“自我实现的需求”之间。可见阅读远比吃饭要“高级”得多。

所以，千万不要问我们的读者，麦当劳和图书哪个重要，这不是一个层次上的事情。

国人比以前富裕了，像全世界所有人一样，我们富裕了之后想的第一件事情就是先吃点好的，等大鱼大肉吃腻了，很多人又会去炫富一把。这都是人之常情，是人性中的事情，发达国家也都是这么过来的。但是，我们很快度过了这一阶段，其实，在国人心中，对文化的渴求，对阅读的需求，从来没有断过。哪怕是在实体书店最低潮的时期，仍然有大量的读者在寻找书店，在寻找阅读的快乐。

北京美术馆旁边的三联韬奋书店的大台阶上，从来就没有少过坐在那里阅读的人，曾经我也是其中一员。彼岸书店 2009 年开业之后，读者一年比一年多，图书的销量也一直在上升，而且往往越是严肃阅读图书、经典好书和重磅好书销售得越好。我们从来不会制止顾客拍照或者记录书名，记下来回家上网买也没有任何问题，因为我也曾经这样做过，不管用何种形式，只要大家还坚持阅读，就一定会有人逛书店，只要有人还逛书店，书店就能有生存的办法和信心。

三问：书店怎么开？我也梦想开这样一家书店

这个问题其实也是这几年的热点问题了，可见书店依然拥有广大的群众基础。如果你认可第一个问题的回答，其实也就能明白如何去开书店。

核心其实就是“品位”和“体验”四个字。

既然阅读处在人类需求的极高的层次上，既然国人的眼光逐步提高，书店的品位就一定不能低，至少要高于一般大众的平均线，要引领读者、帮助读者，发现深刻、发现优秀，帮助读者提高阅读水准和审美水平，而不是一味地去迎合市场。

打造“品位”，对于书店而言，应该是最“简单”的了，因为图书本身就是品位的化身，但这里是指好书，涉及如何选择图书的问题，这就是另一个要探讨的问题了。

此外，书店的体验感也是实体书店的竞争力所在，因为这是网店唯一不能解决、无法竞争的事情。“体验”这两个字，如今已经不是秘密了，所有人都在说，连互联网大佬们这两年也涉足线下实体店，也在谈论“体验”。

我想说的是，体验感不一定要靠钱去实现，如今很多书店和文化空间的装修设计得非常夸张，从视觉和体验上，确实非常棒。2018年，钟芳玲在一个书店沙龙上说：“中国书店的硬件和设计上已经可以说是全世界最好了！”这也是目前书店热的一个普遍现象。

但是，普通的布置，巧妙地使用灯光，调整书架的高低，图书与图书之间、图书与非书产品之间的逻辑关系，背景音乐的选择，顾客动线的设计，推荐字条的打印，小角落的利用，等等，这些其实都不需要花太多钱，只要真正用心去思考，每天都以顾客的视角去审视空间，换位思考就可以让书店有一个全新的改变。

总之，一切“以人为本”，可以多到其他的书店、文化空间走一走，发现合理的巧思设计都可以在自己的书店空间中试一试，有时候增加一盏暖光的台灯，都会有不一样的感觉。

当然，这些说起来简单，其实背后都需要书店店主有着深厚的文化基础和审美眼光。这些积累和积淀要靠自身多读书，不受限制地翻阅各种各样的图书，更要多走多学习，逛博物馆、看美术展等也是必不可少的。

开书店是一个集高品位素质和高体力劳动的行业，绝对不能偷懒。

四问：你为什么会想开书店，开书店能活下来吗？

开书店也是机缘巧合。首先，当然也是从小的阅读习惯，逛书店泡图书馆来自小时候的兴趣。大学时代，因为和同学们一起创办读书会，也就由此结识了当年风入松、国林风等前辈书店的开创者，开书店这颗种子其实就是在那时，也是在三联书店大台阶上坐着看书时慢慢种下的。

然而，彼岸书店开业之初，生意非常差，不是因为没有人逛也不是没有人买书，而是因为图书本身的利润率不高，这个利润不够支付房租、水电和人员薪酬。

2009 年前后，整个书店行业的多品种综合文化平台的搭建没有经验可循。我们其实是被逼无奈尝试复合性经营的，彼岸书店采用了“书店＋茶饮＋书房空间”的办法。

书店的聚合能力强，但变现能力差。很多人喜欢逛书店，顾客走入书店是没有心理压力的。茶饮空间聚合能力差，但变现能力强。顾客一般是不会轻易走入茶饮空间的。所以，书店的聚合能力＋茶饮空间变现能力，两者结合起来时就会形成良好的互补。

依靠这种模式，彼岸书店在开业的第三年实现了收支平衡，当然利润水平到目前为止还是很低的，而且对房租和人员薪酬的敏感性极高，这又是另一个话题了。

很多人说，书店必须依托其他业态才能生存，这是一种悲哀。其实，我们人可不必在意这个事情。因为图书可以看作是灵魂上的事情，当现实的条件把图书的利润压缩得很低的时候，抱怨是没有用的，只要找到让灵魂落地的方式，满足有文化品味的顾客需求，同时传播了文化，传播了美，这本身就是图书的意义，就是书店在当今时代的存在价值。

彼岸书店 9 年的经营经验告诉我们，这个“书店 +”的模式，是可行的。图书是我们的灵魂，是我们与顾客“对暗号”，是时代压力下心灵的慰藉。图书吸引的高素质顾客实现了书店空间的综合营收，综合营收反过来也促进了图书本身的销售。

彼岸书店的经验是，图书做得越多，茶饮销售得越好；茶饮销售得越好，图书销售得越多。这是一个良性循环的模式。

乔布斯说：“经营之法不在于降低成本，而是通过创新改变困境。”书店能提供绝佳品质和醉人体验，让顾家觉得物超所值。

乔布斯的话，其实也可以作为书店业的参考，因为图书就是最好的“物超所值”的商品，书店就是“最佳的商业平台”。

近两年，很多书店也都逐步走出了各自独特的经营模式，有单靠图书的营销就能保有正利润的书店（这真是一个让人高兴的事情），也有融合了文化沙龙、艺术空间甚至是餐饮的书店，还有书店 + 大型商业空间的案例。书店业忽然之间成为一个轰轰烈烈的热门行业，与 9 年前我们刚刚开始创业的时候完全不同，这说明时代快速发展到了文化引领的转折点。

有人说，盛世做文化。中国目前正在步入盛世，以严肃阅读和精品阅读作为事业的起点和平台，恰逢其时。

其实，还有一个问题也有很多人喜欢问我，那就是“图书怎么选？”可惜，我的能力还不能用文字甚至简单的语言来回答。

我想，独立书店之所以与众不同，其灵魂就是看你选择了哪些图书。绝大多数书店的面积都是有限的，不可能做成全品种，那么体现这个书店的气质和品位就在选择图书品种上了。挑选图书又极其个性化，有时我们甚至会用手抚摸一下，感受一下图书的手感好不好。

这种个性化的东西，既是书店的难点所在，又是书店的魅力所在，在信息大爆炸的时代，最容易做的就是人云亦云、不过脑子，但此时，拥有自己的判断，不做乌合之众，打造个性书店，才能真正长久地站稳脚跟。

与别人做得一样，就不是独立书店。

彼岸書店
Be Ark Bookshop

2009 年 9 月开业

北京市海淀区花园路 2 号牡丹园科技楼 A 座

12

你知道自己的孩子未来是什么样子吗?

老　岛　厦门小渔岛旧书店创始人　口述
甄鸿磊　整理

你知道自己的孩子未来是什么样子吗？之所以发出这样的疑问，是因为小渔岛就是我的孩子。2010 年 7 月 3 日，小渔岛正式开放那一天，我预料不到它今天的样子，今天的我更预料不到小渔岛以后的样子。但某种内核性的东西早已在小渔岛内部形成，它早已不仅仅是一家书的零售店，在售书之外，还传递着某种无形的生命性的东西。8 年来，有人视它为亲人，有人对它念念不忘，总有人愿意为它驻足。

小渔岛可以说是沙坡尾，甚至是整个老厦门最接地气的书店。你常常可以看到五六岁的小朋友和九十多岁的老爷爷进出小渔岛，男男女女老老少少，爱阅读的人们凑在一起，十分温暖。

与此同时，它也一直流通着高质量的书籍，给淘书者莫大的惊喜。

作为小渔岛的创办者，我一直给予小渔岛最大限度的开放。本来作为服务业，我们无权挑选客人，但有两类客人在我心底里是不受欢迎的：一类是不尊重书的客人，把书和书店作为背景用来拍照，好在小渔岛一直很注意这一点，店内的阅读氛围一直不错；另一类是过于看重书的客人，自己读过一本书后就带着高人一等的傲慢，以此作为评判他人的砝码。

书籍的理想命运，我认为包含两个方面：第一，循环流通的都是好书；第二，流通的好书能够得到普遍的阅读。而小渔岛，我希望它能成为促进书籍理想命运的关键一环。

2010 年，各种机缘凑巧，从未看过《城市画报》的我在厦大西村报刊亭看到了第一本《城市画报》，那本《城市画报》上恰巧介绍了荒岛图书馆。共享阅读的理念在那时还是很新鲜的，却十分契合我内心对书籍命运的理解。于是我便联系荒岛总部，并开始筹备加入荒岛，做一家纯粹的以书为业的荒岛分馆。这是我的初衷，也是小渔岛未来坚定不移的路线。

荒岛图书馆的众多分馆中，很多都是复合型的，或是文青旅社，或是咖啡馆，但我只想卖书，收集无穷无尽的好书，在小渔岛上岸，然后再流转循环。到哪里找好书？怎么运回小渔岛？怎么让更多人知道？这些问题占据了我每天的 24 小时。我总有一种恐慌，害怕好书越来越少，小渔岛每天售出一些书后，那短暂的喜悦背后总是立马扑出危机感：下一本书在哪儿？

以书为业的艰难自不必言说，小渔岛也在这大环境中有过起起伏伏。刚开始并不知道要把小渔岛做成什么样子，也不懂收书和书店经营，最初两年，书店没有书源、没有顾客，小渔岛简直门可罗雀。也尝试过与人合作，把小渔岛综合成书店、咖啡馆或青旅，后来也放弃了。

这期间自有我的慌不择路，但静下心来发现，书才是小渔岛的生命所在，我这个岛主，自然要为这个生命奔波，别的与书无关的只会虚耗小渔岛的生命。这些弯路也让我坚定了一项原则：小渔岛现在不会，以后也不会提供餐饮服务。

94岁的陈爷爷是小渔岛的超级粉丝，几乎每天都来看书买书，他经常问我，资金有困难吗？能维持吗？有困难跟他说。被这样一位顾客加长辈的嘘寒问暖，我甚至于心有愧。我并不羞于谈盈利，在情怀之外，小渔岛作为书店必须要盈利。

曾有一份品牌调查问了小渔岛一个问题：小渔岛要不要争取政府的资金补贴？我内心的硬骨头吐出来，铿锵地砸回去："不争取，如果要靠补贴才能维持下去，书店莫不如不开。"豪言壮语之后，我还是希望自己能一夜暴富，说心里话，我希望小渔岛能挣大钱，这样就会有更好更稳固的基础去发展。小渔岛从最开始的公益图书馆转向二手书店也是出于这样的考虑，但是8年来，小渔岛在沙坡尾同时扮演着书店和社区图书馆的两种角色，较之一般图书馆只有外借功能外，小渔岛这个二手书店兼社区图书馆，还提供回收、交换、寄卖、代客寻书等服务。除了书籍本身赋予小渔岛的魔力，小渔岛定期和不定期举办的活动，也使得它在厦门的旧书店里脱颖而出。

每年四月，荒岛图书馆全国联动的"真人图书"活动，这个活动一方面提供与少数群体真实交流的机会，通过对话达成理解，从而消除偏见与歧视（不应忽视的是宽容的力量）；另一方面提供真人图书丰富的生活经验，从而让人获得日常难以接触到的信息。还有不定期的“无声读书会”，选择不同的书籍，给参与者一段难得的不受打扰的读书时光。最值得一提的是小渔岛和闽南音乐交流协会共同举办的“学说闽南话”公益课堂，推广闽南话，让更多人会听会说闽南话，更好地了解闽南文化，融入当地社会。

可以说，小渔岛早已成为沙坡尾的文化地标之一，但这些都并未削减我对未来的忧虑。纯粹的书店能活下去吗？该怎么活下去呢？书籍作为实体，意味着空间的占据。在寸土寸金的城市中，小渔岛的每平方米都要精打细算。对于众多在城市租居的阅读者来说，要不要购书，这又何尝不是一个来自灵魂的拷问。

空间的稳定性，不仅对我，对阅读者，都意味着一份连接大地的安全。有了稳定的空间，小渔岛便不用考虑租期期满后的生存问题；有了稳定的空间，漂泊的阅读者也不用担心搬家时无头处理的书籍。书籍，当你认为无法给它一个安定的空间存放时，购买的欲望也会削减。我们被同样的主题拷问，答案却是命运的两面，这种状况有没有改善的可能呢？

在我的设想中是有的，如果，小渔岛有更大的空间，有自己的仓库，有便捷畅通的线上线下售书流程，它会成为旧书的天堂。在这里，书籍得到最大限度的流通和阅读，旧书不再被当作废品处理掉，而是以合理的价格经小渔岛循环流通；书籍的品类丰富和标准化的打理修复，给阅读者更好的阅读、购买和回收体验；小渔岛的存在本身更会带动社区阅读习惯的培养，引导着新的消费习惯，培养循环利用的环保意识。小渔岛不是一个脱离大地浮在云端的书店，它生于厦门长于厦门，从成立伊始就开始收集厦门乃至福建的地方文献，对闽南文化的保护和传播心心念念。

未来的小渔岛，甚至可能已经不叫小渔岛了，我希望它是走出渔岛的孩子，到全国各地生根发芽。

2010 年 7 月 3 日开业

厦港店：福建省厦门市大学路 3 号厦港酒家旁

鹭江店：福建省厦门市大院路老剧场文化公园内

翔安店：福建省厦门大学翔安校区学生街后

集美店：福建省厦门市集美学村印门路公交站

13

把日子过成诗

赵向前　洛阳想像书店创始人

20世纪70年代末出生的我，毕业于美术院校，专业是国画，至今仍依靠卖画为生。2003年，我从西安来到了洛阳，开画廊，编杂志，结交新的朋友。在我的印象中，那时候的洛阳能买书的地方不多。2008年，我和朋友吴虹飞一起去云南，一起拜访昆明麦田书店的马力先生，也就是在那里，坚定了我从小就有的开书店的梦想。

在我看来，开独立书店的，差不多都有文学情结吧，而且画画和文学也有着密不可分的关联，我也希望能做到人们常说的功夫在画外吧。至今依然把文学看得很神圣，我常常会看文学作品而流眼泪。

2011 年，我在洛阳一个公园对面的写字楼里租下了一套不大的房子，简单的装修后，想像书店就这么开起来了。后来，书店推广人雅倩在《旅行中你会遇见的“24 座城，24 家书店”》里这样介绍想像书店：“要有多大的勇气，才敢把书店开在 17 层的位置？想像书店做到了，所谓酒香不怕巷子深。即便是 17 层的书店，也同样吸引了爱书的人们在此相聚、交流。”

其实要说书店的故事，似乎是说不完的，却又不知该从何说起。明明知道如今书店难做，还要偏向虎山行，拗不过的理想主义在作祟，迫使我必须要趁着年轻实现我的书店梦。年少时的理想在多年以后实现，所带来的结果就是你必须不断地为它买单，而且丝毫不能手软。诗人流沙河写过：“理想是石，敲出星星之火；理想是火，点燃熄灭的灯；理想是灯，照亮夜行的路；理想是路，引你走到黎明。”我觉得，理想不过是孩子嘴里吹出的七彩泡泡，如梦如幻，且易破碎，但我们从小在追逐泡泡的过程里不是还学会了“微笑地观察着生活”和“倔强地反抗着命运”吗？我心中的书店，应该不只是一个卖书的场所，而是一个能提供给读书人与好书相遇、相识的平台，在这个平台里，所有的爱书人都互为主客，书店也成为大家可信赖的好朋友。

快节奏的社会，读书人本就越来越少，再加之网络的冲击，书店的确面临着很多的困境。实体书店在逐渐消逝，城市的风景也越来越黯淡，到最后，书店也许就成了少数真正读书人的“理想国”了吧。每每听到有书店倒闭的消息，心里都有说不出的难受。都说书店要改变经营模式，怎么改？这是一个值得思考的话题。我认为，如果首先连书都做不好，做不纯粹，那么一切也都是白谈，无论再怎么改，也得“以书为本”吧。

七年里，那些送书给书店的，那些不远千里就为了来看看书店的，那些晚上的火车到洛阳第一时间就想来书店坐坐的，还有那些曾经因电梯不能上行而爬上17楼的，所有的这些人和事，都让我觉得书店的意义比实际大了许多，都让我感动不已，当然也更加坚定了要把书店做下去的信心。

为了维持书店的日常开销，我除了用自己卖画的钱来贴补之外，我们还成立了沐烟堂设计工作室，原本不懂设计的我开始尝试帮朋友做一些书籍装帧的设计，慢慢竟也得到了大家的认可，也设计了一些自认为还是不错的书籍。

还好，仍然有热爱读书的朋友费尽周折来这里买书、休息，或者找我聊天，我心甘情愿地为他们端茶倒水。《书店的灯光》里有一句话：“生活需要找到一个良好的平衡点，而这个平衡点就来自于对待生活的态度和合理的生活方式。”既然选择了这样的生活方式，也就表明了我对书店的一个态度。不能要求所有的人都喜欢读书，都热爱书店，但我愿意为这一部分为数不多的喜欢读书也喜欢书店的人服务。

到现在，想像书店已经经营了七年，这些年累计所赔的钱已是一笔不小的数目，但我一直坚定地认为，这些年的收获也是用钱买不到的。书店里没有高大上的东西，也没有惊天动地的故事，有的只是点点滴滴的温暖。七年里，来了好多新朋和旧友，大家对书店的喜爱和支持常常让我感动。在书店四周岁的时候，朋友胡赳赳发来这样一段话：“天底下最不需要想象力的是：把书店办成输店。输赢的输。但天底下最有想象力的亦是：把书店办成输店。输出价值观的输。想像书店四岁了，我为这小子鼓掌，他只问输出，不求获得。以此心地，夫复何求。”

一座座城市将人们聚集在一个狭小的空间中，将人切割开来，让我们彼此疏远。书店是一个共同体，用书将读书人的心联合起来，因此书和书店，书和城市，中间有一种很特别的关系，书店承载的正是我们对那些城市中尚未被计算机和大卖场替代的传统的感情，书店让我们可以彼此更加温暖地在城市里好好活着。

现在的书店坐落在八里唐文创小镇里面，八里唐是由洛阳一个废旧的洗衣粉厂改造而成的艺术园区，充满着朝气和活力，我们愿和它一起成长，一起发展，一起为洛阳这个古老的城市写下鲜艳的一笔。园区离高铁不远，时不时有火车呼啸而过。也许，你会在来洛阳的高铁上，远远地就看见了想像书店的牌子，我和我的工作人员已经在那里做好了一切迎接的准备，相信你们一定会觉得，来洛阳，除了看牡丹，到想像书店坐坐也是一个很不错的选择。

我们每天都在重复着相同的日常，平淡安静，猫猫狗狗，花花草草。书店每天也都在发生着不一样的事情，我们一边感受着一边记录着，一边也期待着明天比今天更好。

一直以来，想像书店都遵循着“以书为主”的原则。我一直坚定地认为，不管书店怎么发展，书都是最重要的，我们只有为读者提供大量的有价值的精神读物，才不愧对“独立书店”的称号！从开业至今，想像书店几乎找不到一本所谓的畅销书，越来越多的书是大家所认为的冷门和偏门的学术书，虽然对于大众读者来说不好接受，甚至很难挑到喜欢的书，但同样我们也会得到小部分真正爱书人的赞赏，我觉得这才是书店价值和意义的体现。

消费在升级，书店也需要升级。到底怎样升级？怎样发展？这是需要我们认真思考的。同样面临网络冲击的问题，为什么电影院能够成功逆袭呢？关于未来的书店，我觉得它除了是好书的聚集地，更应该是文化交流的驿站，是生活美学的空间，是艺术多元结合的平台，我们也正在朝着这个方向去努力，努力把想像书店打造成一个让灵魂有香气、把日子过成诗的地方。

想像書店

2011 年 4 月 23 日开业

河南省洛阳市洛龙区龙门大道伊洛路口向东 300 米八里唐文创小镇

14 口袋六问

不 流 合肥保罗的口袋书店联合创始人

我从常被提问的问题中，选取 6 个，从不同的角度来讲述口袋是什么。但口袋到底是什么，却不是几个问题和答案所能说完的，因为，他是一个一直在生长的不断变化着的书店，他更像一个还未长大的孩子，而不是一个盖棺定论的历史。

第一问：为什么叫保罗的口袋？

这是我们被问到的最多的问题。

就像你新认识一个人，总是从名字开始。所以，8 年前的那个晚上，一切还没有开始，我们三个人在房间里各自坐着，有的托着腮，有的拿着纸，有的抱着吉他，神游文字国，想要给一个即将诞生的“朋友”取个名字。今天，我已经不记得有多少个名字被写出、说出，又被否掉。

直到有人嘀咕出“保罗的口袋”这几个字，就像停电的屋子里忽然亮起灯光一样，就这么定了。我们都笑着，源自对灵感乍现感到的默契，就像我们写出一首诗或者一首歌时的感觉——完成创作时的满足。这种“创作”的感觉多年来一直伴随着我们做口袋的历程。

这个名字之所以一出现就近乎完美，我们可以说出无数理由，比如他是女巫的原创歌曲的名字，比如他很有趣，比如他充满神秘感，比如他的童话色泽。我记得我们当时轮流说着对他满意的理由，那是一种夸“自己孩子”的心情。

后来，每当有人问为什么叫口袋这个名字时，我都确信一次，他的名字，是对的。因为我们一开始就希望，一个书店，能有一种天生的性格，这个性格，从名字开始就能让人感觉到。我们希望自己做出的书店，不是死板的、紧张的、无趣的空间，而是一个让你值得去认识并与之成为朋友的灵魂，一个让你感到好奇而想要去探究的灵魂，一个你会忍不住问“你是谁？”“为什么是你？”这样问题的灵魂。

其实在创作口袋之初，我们对他未来要做什么，并没有明确的方向性。回望当时，有两个感觉让我们决定去做这件事：第一，我们觉得这座城市不好玩，没有一个让我们这种天真的幻想家们聚集之所；第二，我们觉得三个好朋友在一起，应该一起做一件有趣的事，在这件事里，把我们的爱好、趣味、擅长的创作内容融合在一起，我们很好奇这么做会发生什么。

2011 年 3 月产生构思，4 月选好一所房子，5 月开始装修，7 月 23 日开始对所有有趣的人们开放，4 个月，我们完成了这个作品第一阶段的创作。辛苦而满足，纠结而无憾，混沌而欣喜，诸如此类，不做赘述。

在开放几日后，难抑心情，我在豆瓣上写了一篇小日记解释他的降生。那篇简短的、满是幻想的短文中，有一句话：“保罗看到，每一个阅读的人都拥有魔法。”后来在越来越多需要介绍口袋的理念和精神的时候，我们偷懒地使用了这句话。使用它，也因为我们当时用一个手绘的巫师帽图案做他的 LOGO，那个帽子是奔跑的形状。我们对魔法、对奇幻、对童话，有一种始终不变的喜爱。

直到几年后，我们开了更多的口袋的时候，几次试图讨论出一个升级版的 SLOGAN，但所有的想法在这句话面前，好像都不够好。最后，我们放弃了升级的心思，我们感觉到，这句话已经随着口袋的成长，具有无法替代的力量，即便它如此不实际、不实用、不明确，但是还能有什么语言可以保持口袋最初的也是永恒的单纯和理想主义的性格呢？

第二问：和传统的书店有什么不同？

很多事情，其实在做之初，并没有长远的计划和严谨的设计。对我们来说，口袋就像一个作品一样自然而然，而一个作品完成之后，能够在世上存留多久，多半要靠自己的魅力，作者已经不是很重要了。

但口袋毕竟不是一个一次性的作品。实际上，他一直都没有完成，因为一件艺术品是一次性的、固定的，而一个书店，是变化的、生长的，他更像一个孩子，也更像一个朋友。

书店这个形态，基于我们三人共同的对书籍的爱好，所以他没有单一地成为音乐人（唐石庙）的唱片馆、设计师（女巫花椒树）的工作室、小说家（不流）的藏书房，而是融合了所有的这些，以及更多的艺术内容。

书店的历史，已逾千年，是一个古老的形式。口袋选择这种形式，也因为钟情于它的仪式感。但仪式感不能代表创新力，而创作新鲜的内容，是作为创作者最感兴趣的事情。所以，口袋在书店的形状之下，实际所做的是，不断将我们对于艺术的驳杂爱好融入进去，他逐渐变成了一个由艺术内容和有趣的人们共同参与的丰富的难以定义的空间。

我们并不是一开始就设定了所谓“多元经营”“体验商业”“新零售”之类专业名词所描述的商业形态，而是阅读、音乐、写作、电影、绘画、咖啡等通过多年的发酵，产生出现在的状态。

曾经有商业调研的人对口袋表示困惑：这是我见过最奇怪的书店，真是个怪胎。是的，面对经常被提问的关于书店运营、书店定位方面的问题，我觉得很苦恼，因为我不知道，我们在做口袋的过程里，也一直试图理解这一点，但至今，没有哪一种清晰的描述可以解释口袋是什么。我想，这就像你很难用一个标签去涵盖一个人一样，口袋有他自己的性格，有优点，也有缺点，我们唯一自信和欣慰的地方在于，口袋的生命力如此顽强，即便面对了那么多次的运营困难和生存考验，他仍然存在，并被更多的人喜爱，而且衍生出更多的空间。

口袋和传统书店要说有什么不同的话，我想，可以回到那句话："每一个阅读的人都拥有魔法。"是的，我们最为在意的，不是卖出去多少书，而是通过口袋，有多少热爱阅读、热爱艺术的人相识，并受到口袋的影响。不沉溺于单一的书籍销售，才有在选择书籍、设计活动时的自由，书的灵魂也被解放出来了：书从来不是为了被购买而存在，书是为了被阅读而存在的。

如此特质，决定了：在多元经营的时代，口袋可能会卖很多有趣的东西；在零售细分的时代，口袋可能会专精于最喜爱的东西；在体验经济的时代，口袋可能会给大家带来更多有想象力的体验，等等。口袋就是这样生长的，也将这样生长下去！

第三问：为什么要阅读实体书？

我们不是没有卖过电子书，比如 kindle，但是卖得不好。不过我们也没有因此感到失落，却每每为那些真正有趣的书、优秀的书被买走，从不吝惜自己高兴的心情。

从情怀来说，实体书是伴随我们成长、影响我们价值观的不可替代的事物。电子书可能对于 21 世纪长大的年轻人更有意义吧，因为电子书在他们的童年就介入了，会成为很自然的很实在的事物。

如今，情怀和效益一样，被说得太多，我觉得没必要再去谈论了，包括实体书和电子书孰能存亡的问题，也是老生常谈，不如交给时间去回答。我想说一说，口袋目前作为一种空间，他和书之间发生的具体的关系。通过几个不同内容的口袋来举例吧。

小口袋，顾名思义，是我们现在最小的一家书店，在市中心一条小商业街上，70 平方米，两层钢结构玻璃屋，三五千本以文学为主的书，一台咖啡机，每周两场文艺活动。这几乎是他的全部，但也远远不能代表他的全部。除了那些把心爱的书买走的读者的笑容之外，我认为最值得谈论的，就是每周的两场活动，这也是口袋之所以与传统的“售书场所”不同的地方。每周六晚，在二楼，我们放映一场艺术电影，在放映之前，会有主讲人和大家分享这部电影的背景、价值、特质、历史，等等；放映之后，主讲人与大家进行自由而热烈地讨论。每周日，也是相似的形式，十几个到三十几个参与者，只不过内容由一部电影变成一个作家、一个诗人或者一本书。这两个活动，我们坚持做了七八年，每年50个周末，100场活动，场场内容不重复。

活动，是动态的，我认为这是最重要的一件事，活动让读者、让艺术爱好者，不仅仅是一个单纯的购买者，而是一个参与思想交流的真实的个体。与主讲人面对面，在同一个空间里，欣赏和谈论着同一件艺术品，从根本上来说，这本身就是文化正在发生。一个城市的文化，除了包含着不可改变的历史积累沉淀的部分，更重要的是，有没有新的发生新的生命。我们每家店都在持续着做这类活动，文学、电影、音乐、艺术、知识、公益，这是最让我们有成就感的事情。据我所知，这也是城市的文艺爱好者对口袋最认同之处。现场性，就和书的实体性一样，带有不可忽略、难以替代的真实感、确定感和信任感，在移动互联网的时代，对精神生活有所追求的人，所缺乏的并不是信息的量级和机会，而是真实的同代人是如何看待和理解信息的，这种真实性，往往需要在实际的空间、在真实的书籍中获得。

大象·家书房客栈，是口袋在黄山地区的齐云山风景区创作的一个集合书店、咖啡馆、民宿形态的店，2017 年刚刚开放。这是我们第一次离开城市，去大自然深处开一家书店。是的，我还是习惯叫作书店，因为口袋不管做什么，第一主旨都是书店。大象 · 家有 10 间客房，我们分别做成了 10 位作家的书房形式，普鲁斯特、佩索阿、卡夫卡、安徒生、张爱玲、马尔克斯、海明威、村上春树、卡尔维诺、尼采，每间房的陈设和家居都不相同，色彩、饰品也不同，它们并不是作家原版书房的简单复制，而是我们自己根据对 10 位作家的作品、精神、美学、观念的理解，所重构的居住空间。每间书房，自然陈列着作家的作品，也是他们的精神实在。我们热爱那片地方、那片自然，那是安徽文化的源头，我们既然在做文化的事，当然也要去那个源头做。这家书店，传递了我们对于生活的一个理解：作家或者艺术家们，真正珍贵的地方，在于他们的精神生活，没有精神，就没有灵魂，没有灵魂的生活，就没有意义。

第四问：如何看待生活？

在大自然中做一间可以住的书店，实际上是我们很早就有的一个愿望。我们自己就想生活在那样的地方，那些和我们一样注重精神生活的人，一定也是。

回到创立口袋之初的时候，我曾经设想过，在 2011 年的合肥，做一家纯粹的文艺书店，能生存得下去吗？我很快找到一个安慰自己的理由：如果做不下去又怎么样呢？无非花费两年时间做了一件失败的事情而已。以一生的几十年来说，用两年的时间浪费在自己热爱的事情上，难道不是很值得的事情吗？

只是没想到，7年之后，这件事情看起来只是刚刚开始而已。在第一家书店开业一年的时候，我们有了开第二家店的机会。唐石庙说，他有一个希望，就是我们以后可以通过做口袋这件热爱的事情，同时也解决生活的问题。工作、生活、热爱，都作为一件事去做。虽然我和女巫花椒树犹豫过，但这种可能性，最终让我们做了决定，继续下去。我想说的是，我们理想的生活，很多时候离我们可能只差“去做”这一点距离。

书店做到一定的时段，从最先的纯粹的个人兴趣，到后来被这么多的阅读者喜爱，我们已经感觉到，口袋具有了一些使命感，于是会去思考，阅读到底意味着什么？阅读和生活的关系是什么？对此，我不想说特别大的道理，只说一个简单的愿望：希望口袋可以让更多人渐渐将阅读变成生活中的习惯，就和吃饭、睡觉、听歌、看电影一样的普普通通的习惯，自然、真实、微小，只有这样日常的状态，才有永恒的生命力。

当然，运营书店的苦恼、繁琐、困惑、迷茫和压力，一个都没有缺席过，大量的精力投入进去，在极为繁忙的节奏中，似乎失去了很多个人的时间和空间，但是反过来一想，这件事已经是个人生活的主题之一了，也就感到释然。而越来越多的构想、创意、灵感，不断在口袋的空间和平台上实现,无疑是我们持续下去的重要动力。

城市生活的浮躁和喧嚣,总是让我们产生一种“逃离”的冲动，逃去哪儿呢？当一群山、一条江出现在我们面前时，我们就再也忍不住了，去开一家书店吧，那样就有机会去那儿生活了、去那儿创作了。不久前，当我在佩索阿书房里完成自己的第一部小说集的书稿时，一种由衷的庆幸和满足感，让几年来的疲劳烟消云散，我觉得自己又有力气继续做这件事——开名叫保罗的口袋的书店。

2017 年 12 月，我们邀请了 10 位作家、插画师来大象 · 家书房客栈举办一个小型创作笔会，每个人都性格鲜明、与众不同，但每个人都很喜欢这个书店和那几天的日子，就算最后我们在无边大雾中登了一次什么都没看到的黄山，也一直兴高采烈。他们的高兴，和那些来口袋买到喜欢的书、参与喜欢的文艺活动的读者们，何其一致，这种高兴，是做口袋以来，我们感到的另一个巨大的成就——让那些有趣的精神生活者们不再孤独，让他们认识志同道合的朋友，让他们看见理想生活就是如此触手可及。

正如大象 · 家的单店 SLOGAN——我将生活看作一座路边客栈——所言，费尔南多 · 佩索阿用这句话，说出所有对生活的纯粹有所追求之人的心思，作为一个旅者，将整个生命历程当作一个世界去探险，面对未知，既保留对可能性的担忧，也保留对新生活的追逐。

第五问：将来做什么？

假设 100 个人中有一个人需要书店，假设每 1 万个人需要一家像口袋这样的书店，在这片陆地上，就需要 1.4 万家。我并不是要做这么多书店，而是想说，我们相信还有很多人在等着我们出现。不论这个想法是否现实，我们姑且相信，相信一件事情，就要有足够的勇气和力气去做这件事。

就像之前说到的，无论口袋是什么形态，我们始终都认为他就是书店。保罗的口袋，就是书店本身。

在这 7 年中，我们作为创作者和不专业的运营者，也探索过很多可能性，走过许多弯路，有时候把理想放得太大，有时候又被现实驱赶着狼狈前行：我们和公益机构尝试过合作，给残障人士提供过岗位，向开发商和操盘手描述过理想书店的模样，和政府机构合作过，为许多图书馆提供过服务和创意，我们第二家店（曾经的大口袋）也因为商业地段的落后而不得不停业，我们从最早的三人团队创建一个 50 平方米的小书店，到如今经营面积将近 1 万平方米、近百人团队……这些经历让我们认识到，一切临时的状态都不是最重要的，团队可能会更大、也可能会更小，一个店可能很成功，也可能在某一天迎来他的失败，这些都不重要。

我们学习到的真正重要的事情是，这些变化、这些局部的衰落或整体的增长，最终沉淀下来的，无非是最原始的那些愿望和期待：把热爱的事业和生活作为一件事去做，为与我们同类的人们提供精神栖居所，并与他们相识、相知成为朋友，以及始终像个艺术家那样，去挑战新的命题，进行新的创作。

因此，我们正在面对和挑战着城市公共阅读点、商业中心书店、古典书院、古宅客栈等更多的项目，并且带着信心和勇气。

因为我们真的相信口袋的 SLOGAN：每一个阅读的人都拥有魔法。

第六问：书店的未来是什么？

最后，说一点对未来的设想。

书店的未来是什么呢？说实话，作为当局者，我并不知道。通常，我选择相信一个朴素的道理：只要阅读这件事情还是人们的一种需要，书店就是一种需要。

只不过，书店很难再是一个只卖书的地方。否则，他与一座仓库又有什么区别呢？书店的概念、使命、作用，会随着生活方式、学习方式、阅读习惯的改变而改变，在与电商共存时，书店的实体性如何区别于电商，面对读者怎样才能拥有不可替代性？书店，如何从对书的售卖转变为在售卖之外更好地推进售书的场所？爱书的人，在书店里除了购买作为商品的书之外，还能得到什么更有价值感的收获？书店，如何成为普通人生活中除了家庭、工作或者学校之外的必需的第三空间？等等。

需要书店运营者思考的问题还有很多，口袋将按照自己的体会和持续创作的心态，继续走下去，与同行业者共勉。

保羅的口袋

PAUL'S POCKET

2011 年 7 月 23 日开业

1912 店：安徽省合肥市蜀山区黄山路与怀宁路交会处金大地 1912 街区西区 3 号楼

曙光路店：安徽省合肥市曙光路中隐于市街区外街区外街 7 号铺

黉街店：安徽省合肥新站区梦溪路与学府路交汇处黉街 10 号楼悦书房

大象·家书房客栈：安徽省黄山市休宁县齐云山风景区祥源小镇

15

让书与人相遇

——阅读启蒙的又一选择

罗 奇

上海 MeLibrary & 小茶书园创始人

“是谁传下书店这行业，黄昏里挂起一盏灯。”

早期的书店形态，大概就是宋代清明上河图中的集贤堂书坊。集贤堂所售的书“古今名人文集诗集”，我想既有先秦汉唐古人经典，又有大宋时贤诗文。而走进书店的读者，也多是诗礼簪缨之族，更不乏渔樵耕读之家。书坊，是士人用诗文发声的地方。

书店，是人与文初次相遇的地方，初次相遇即是启蒙。书店的灯光曾温暖无数个在夜里孤独行走的人。

2015 年 12 月，好朋友去巴黎，专程拜访莎士比亚书店，为我带回一本企鹅英文版的 Rainer Maria Rilke《Letters to a young poet》（里尔克《致一位青年诗人的信》）。他讲到在莎士比亚书店遇到的一幕：一对青年男女初次相遇，女子正在为盲人男子朗诵一本书。莎士比亚书店是温暖的。2011 年 12 月 14 日，创始人乔治·惠特曼(George Whitman)在书店顶楼自己的卧室平静地离世，享年98岁。在惠特曼先生经营书店的一生中，收留过 4000 多名需要帮助的人。

书店，一年，两年，三年，四年，五年，六年。每年都会有人问，你当初为何开书店？我笑说，因为留恋大学时图书馆的单纯岁月，自觉书还没读透、读够。遇到好书是一种福气，遇到好书友更是一种福气。能给喜欢的书找到读者，给喜欢阅读的朋友找到喜欢的书，时有找到知己的感觉。

2010 年 4 月，我开始筹备 MeLibrary。

2011 年 7 月，在虹口区海宁路靠近乍浦路开了第一家店。

2012 年 3 月 21 日，搬至上海体育场旁龙山新村小区。

2013 年 12 月 22 日，MeLibrary 大拇指广场店开业。

2016 年 5 月 2 日，大拇指店结束运营。

2016 年 12 月 31 日，MeLibrary 万体馆店停止营业。

2016 年 12 月，搬至复旦第十宿舍，增加中文名小茶书园。

2016 年 7 月末，MeLibrary 多伦路店开业，增加中文名宣明书舍。

2018 年 6 月 30 日，MeLibrary 多伦路店结束营业。

2018 年 7 月 1 日，在 M50 创意园 4 号楼 B114 开设新店，并沿用小茶书园名号。

书店最美的风景，除了琳琅满目的好书，还有好玩有趣的人。我们试图在上海做一个开放的空间，发掘上海这座城市的故事，让城市中有趣的人来分享自己的人生经历和故事。让创造者得以展示并交流，让爱好者找到志趣相投的伙伴，让不同的思想和观点碰撞出新鲜的火花。人生若只如初见，人和书的初次相遇即是启蒙；人和书，人和人的相遇相知又形成了每个人的人生故事。人成了书，书成了人，这便是古人所说的以文化人（六经注我，我注六经），人书俱老（通会之际，人书俱老）。

向来以为人生之所谓者，“情长”二字。有时或者亲手煮一碗面，做几样小菜，或者读一本书，品一壶茶，看一部电影，一起走一段上海的小马路，听一段音乐……也许与匆匆来去的人微不足道，但都有我对生活和书友的感激和谢意。

2015 年，尤其是下半年，是过去五年中上海新开书店数量最多的一年，然新开书店中分为两类，一类是青年人凭自己对书店和书的热爱而张罗起来的独立书店，也有依靠资本力量而创办的新型连锁书店。

2016 年，上海的房价又涨了许多。天气渐暖，许多独立小书店却依然在冬天，为房租而发愁。我们万体馆店的房租也涨了一些。现在售卖书的方式也发生了很大变化，实体书店在很大程度上无法与网上书店竞价。朋友说，时常会有书友买书是带着一种同情独立书店，而不是真正喜欢或者要读某一本书。前几天和朋友一起聊起上海的独立书店，我深深为之忧虑。

当下一些书店在试着转型，放弃传统的出版和售卖书的模式，转而研发文创产品，也有通过餐饮、客栈来弥补房租的。高高山头立，深深海底行。我认为独立书店的独立，应该在重新定义书店，从书店的源头“人与文”上着力。无论是宋代的集贤堂书坊还是民国时期的商务印书馆，书店从来都是人与文相遇的地方，是人发出声音的地方。一方面，书店人该去好好整理和挖掘书店史中行业发展最初的源和流；同时书店主人也该提高自身的人文素养；

再者，当下上海的独立书店，如何将知识分子、学者、作家和读者之间建立更多直接面对面的交流，让书籍的上游和下游“人——书——人”有更多的相互关照，而不是一味地经营业态的调整。

我很赞同刘苏里先生关于独立书店的定义和解读：“我理解的独立书店，应具备三点特质：一是无所依附，二是人文观照，三是持之以恒。三足鼎立，无往不胜。”

我希望自己有继续下去直至十年的勇气和智慧。无论如何，我想我总还是会继续享受读一本书的乐趣。

一家书店，最美的所在，除了要有琳琅满目、内容丰富的好书，还要有好玩有趣的人。书店初开的时候，大多数时候无人来访——书店里就我自己枯坐一整天，一个人也没有，这个时候我就一个人看看书，写写字，画画画。

时常还是会有一些有趣的书友踏入我的小书店。起先是我一个人的小书店，后来是我们的小书店。

有一位70多岁的老先生，时而会来店里淘淘书，每次都会仔仔细细扫视架上的每一本书。第一次，老先生带走了海派名中医陈存仁的《津津有味谭》和三联出版的《董桥自选集》。第二次，他挑了精装本的《聂绀弩诗集》，还有两本小书，其中一本是薄薄的《英语谚语学习》。

老先生每次来呢，都会和我还还价。我呢，也以最低价给老先生。老先生还是会让我再减点儿，每次都像个孩子，耍赖似的把钱往我手上一塞，然后就开开心心地走了。我呢，也只能微微一笑。第一回，买一赠一。第二回，买一赠二。不过，一想都是爱书人，也挺开心的。

东玉姐原是台中的一个带学生练习阅读与表达的老师，也指导一个大学阅读志愿者服务队，2014 年 2 月来华东师范大学交流学习。一次偶然的机会知道 MeLibrary，很喜欢书屋“每个人都是一本有故事的书”的理念，于是寻到万体馆店。记得初见的那一天，东玉姐带了甜点，我泡了一壶朋友送的印度红茶，我们聊得很开心。东玉姐很喜欢书屋，于是成为书屋的一名志愿者。

自 2014 年 3 月 10 号东玉姐第一次到浦东店，一直到 5 月 14 日她离开上海的前一天，她每周到书屋志愿服务。最初是一周两天，后来工作忙了，她就每周一天，每次她都写日记记录当天工作日志。她还做了简单的志愿者手册和表格，记录志愿者在店里日常该做的事情。她积极地向身边的每一位朋友推荐书屋。我感觉遇到了另一个开书店的自己，她所想到任何有利于书屋的事情都积极地行动。

东玉姐人缘极好，时常会有闺蜜从台湾到上海来看她。我还会下厨做几道菜来关照她的好友。后来她要回台湾，临行前一天，我带她去看上海邬达克建筑地图，带她和书屋的两位小伙伴一起去虹口区海宁路，看看书屋第一家店的遗址，吃吃西安小吃，夜游苏州河。

“如果你感到孤独、无聊或者寒冷，想要找一个身心合一的避难之所，你得知道你并不是无处可去。一家书店会是一个能让人想到‘停下脚步，让心行走’的地方，MeLibrary 就是这样一个藏在弄堂里而被一些人时常惦念着的地方。”——一位书友曾经如是说。

回想过去 8 年多的时间，无论是接待每一位走进书屋的书友，或者策划各种有趣好玩的沙龙活动，约计总有 1000 多场吧，读书、观影、书法、绘画、茶道、聚餐、出行、音乐，等等。我们试图建立一个心谛社区，人和人之间友善相处，相互帮助，分享喜乐悲伤，希望走进书店的人能够获得心灵的成长。

最初开书店，是因为喜欢书，喜欢阅读，也希望能够通过阅读、开书店与有趣的人交流，让自己成长，变得开放、智慧。一路走来，我策划组织了许多有创意的活动，也结识了许多好朋友。

每次看到来书店的年轻朋友，我都想到自己初来上海时的情景，一个年轻人兀自来到繁华大都市，没有钱，也没有太多朋友……我希望书店是一个可以让人自我成长的地方。从最初的一杯茶、一碗面（许多朋友初次来到书店，恰逢我正在做面条，于是就一起吃）的心灵慰藉和善意，我想一个人的成长更应该从阅读和对自我的梳理开始。于是，组织读书会，做真人图书馆，让每个有故事的真人分享自己的亲身经历和生命体验。

一家书店立足于一个城市，就该去试着发掘城市的文化和记忆。于是，我组织了诸如“如何来保护城市记忆”的主题分享活动；搜集和整理上海的旧书店的记忆；搜寻和带领书友一起去寻找邬达克在上海的老房子，探索上海早点和散步的地图……我觉得只有对上海有更多的了解，从建筑、影像、所在社区，从与人的交谈，从味觉记忆等慢慢地深入了解，才能判断哪些是自己理解并喜欢的，哪些是自己不予苟同的。有探寻，有理解，才有融入。

一个人的时候，大多时候，我会在书店整理图书，有时接待来访书友。没有人来的大多数时候，独自看看书，喝喝茶，写字画画，听听音乐。

我喜欢茶，一期一会。喝茶的时候是忙里偷闲，苦中作乐，将烦心的事儿暂时搁在一边，享受泡茶时的专注，品味每一次茶汤细微的味觉不同。时而会想起有意思的茶人朋友，和更多喝茶的友人，一起享受“明月松间照，清泉石上流”的无忧无虑的美好。

我也喜欢书画。“山水荡胸襟，花草怡性情，人物动心扉，一画有千秋之遐想，万变在瞬息间凝眸，半畦杞菊为清供，满壁江山作卧游。”我认为这是中国画最美的地方。临书日久，才深切地体会到一笔一画，研磨心智。书画，我希望继续慢慢地探索下去，不求成名成家，只想过年能给家里写副像样的对联，以后能够教教自家小孩写写字、画画画就好。

书店里 98% 的书都是我一本一本认真挑选的，有每年上海书展挑选的，有到江浙一带逛书店时买的，有在孔夫子网上淘的，更多的是在逛上海的旧书店、新书店时采购的。还有 2% 的书，是这些年的书友陆陆续续馈赠的。对于爱书人，逛书店淘书是一种精神上的休闲和放松。在他们看来，在实体书店看到某本书而不在意价格刚性直接购买是一种修养。

我想开一家普通人的小书店，不需要太多珍本，店里的书有小说、诗歌、散文，也有电影、音乐，还要有哲学、做菜、摄影、绘画、古典诗词、经学，以及有关上海城市文化的，等等。对了，一定要有小朋友可以看的漫画，大人小孩都可以看的绘本……老人、小孩、白领，年轻的女孩或者妈妈们都可以找到自己喜欢的书。找一个书店安静舒适的角落，喝喝茶，看看书，享受繁华都市的宁静，偶遇志同道合的朋友。

ME LIBRARY 概念書吧

2011 年 7 月 22 日开业

创意园店：上海市 M50 创意园 4 号楼 B114

复旦店：上海市杨浦政肃路 45 弄复旦第十宿舍 8 号楼 102 室

16

花还在生长

小　米　青岛繁花·我们图书馆创始人　口述

小喵　整理

大隐

从喧嚣的路边转入隐藏的山径，行几步便望见坐落于一幢老建筑二楼的繁花·我们图书馆。沿着存在了大半个世纪之久的木楼梯上行几步，看到拥有一墙新书的宽敞大厅，从A到Z的分类方式让你站在书架前找了又找，忘记了时间……

在咖啡的香气里随意转转，在繁花·我们图书馆里看到读者们自己打理的各具特色的书格，在“八〇年代间”，坐在儿时的记忆中，随手翻翻泛黄的经典；在“陌生大陆的客厅”，背对着几架原版图书，从邻居的红瓦绿叶一路远眺至信号山巅巨大的球体；在茶室发一下呆，最后躲在密室地台的角落，从通透的窗子望出去，看夏日街口巨大的梧桐树洒下一路紫英，看秋天旧巷里的孩子爬到柿子树尖……

繁花·我们图书馆，不只是一家书店，一家咖啡馆，它提供的是如桐花般摇曳多姿的阅读空间，是城市角落里一间真正能够静心读书和倾心交流的微型图书馆。

每个名字都有故事

首先确定一件事情，店的全名叫“繁花·我们图书馆”。

先讲讲“繁花”。第一次来到这个地方时，不但惊诧于喧嚣都市的中心竟然还能躲藏着这样一座百年前的木石小楼，更被街口那一树繁花所震撼。巨大的梧桐树不言不语，任一身的紫英自上而下，占据满整个巷口……于是，我们的会员卡上也印了两句唐诗：“广叶结青阴，繁花联素色。”诗名恰为《梧桐》。当然这些都不是“繁花”这个名字的真实来历（笑），它其实源自大家都很喜欢的老头劳伦斯·布洛克的小说名字，那一系列小说的主人公是一个叫作马修的酒鬼，第15部的名字就叫作《繁花将尽》。这个乍听上去有些不吉的词语其实意蕴丰富，也在冥冥中成了我们小店坚持下去的动力。

店名中的“我们图书馆”源起于“我们书店”，一间在城市角落里默默生根发芽的文史特价小书店，虽然很不起眼，但青岛的读书人应该都知道它的存在。“我们”是个有趣的名字，让人天然有种主人翁的感觉。繁花·我们图书馆里专门开辟了一间真正的阅览室，有长长的条案和温暖的灯光，占据了整整一面墙壁的书架上每格书都来自读者们的私藏，爱书的人可以在这里觅书读书，也可以认识另一些深藏于茫茫人海的书友。

繁花·我们图书馆，是个有故事的名字。

只为等你来

开一间书店很简单，有屋子，有架子，有书，有人，齐活儿了。

开一间书店又极难，屋子要租，架子要做，书沉得要死，但还是要一包包地运来，并且单是要填饱人的肚子这一点便足够致命。书毕竟不是萝卜白菜，只能薄利慢销。

找房子找了两年，待到租约签完，每个人似乎都筋疲力尽，但似乎又都迫不及待。6月时觉得夏天最好，书搭着咖啡一定能吸引不少人；7月时觉得无论什么季节，只要能搞完该死的装修就好；8月时和大家坐在清江小院喝啤酒吃海鲜，觉得十一之前开张就像一个童话；9月23日一切都未就绪，连地都没抹干净，无论如何，繁花·我们图书馆就这么见人了。

那阵子他几乎每天接到她的电话。她说了很多看上去超越一个女人肩膀重量的事情，他说她现在瘦得像麻秆一样短期嫁不了人。她说眼下内外交困的处境，就仿佛陷入敌后的光杆司令，他说这不是战争，他们这些男人虽然又笨又懒，但是欢迎她把最终没法解决的困难统统推过来。

……

偶尔有那么一两回，她说她受不了不干了，我说你想想一个月前，这里还是灰蒙蒙的一片PM2.5。她说没人会在乎她在做什么，没人会摸到这破地方来，我说不会的，已经有很多人关注这儿，并且还会有更多，她甚至有希望捎带着被嫁出去。

后来再有无比忙乱或者冻饿得受不了的时候，她情绪又变糟糕，我又说你想想一个月前，这里还是个未知数，如果现在关张大吉，至少有很多人会悲伤地送上悼词，并且把它收录进各种虽然蛋疼但很真诚的文字里。

后来她又……我实在头疼，打断她，用长者的语气对比自己年长的她说，几个人一起为了做成一件事情，凑在一起全心全意地拼一把，即使是和亲人、朋友、死党、闺蜜，这样的机会一辈子能有几次?

书店，咖啡，一个空间，一些时间，这些奢侈物，这些幻梦，多少人有过，而今实现，却更像幻梦。我觉得这个梦，做成了。

一个客人吱呀呀地踩着百年前的旧楼梯上来，她说上学那会就想这条巷子里该有这么一个地方。现在她还是每天走这条路，却从没想过每天错过的正是曾经的想象。

我笑了。特想对每个希望经过一家书店的人说，你一个月不来我便等你一个月，一年不来便等你一年……如果一辈子的话，不信你不找来。

每个人的图书馆

想帮所有书虫实现一个梦，就是在图书馆里展示自己的一格子好书。

不是隔着玻璃欣赏的那种，而是真的把自己的书摆在架上，带着自己阅读时的情绪和体温，忐忑地迎接着一个有勇气的陌生人，并且留下一段誊写清楚的文字记录，在昭示自己领主身份的同时，对自选主题做一份有意思的说明——

比如：这一格看上去天南地北互不相关的书被冠以“非正常死亡作家记录”，而且它们会产生一种隐秘的联系和独特的吸引力，很少有书店或图书馆会将它们这样组合。

再比如：抢占一个格子做一季主题“八月之绿”，我会揭示一件事情，那就是对于一个书痴来说，书的内容有时可以退居次席，仅仅因为喜欢绿色，就屯下了多少让人想起夏日脉浪的书。

或者，没什么主题，就是读过的值得分享的好书，不想让它们空睡在自家寂寞书架上永无复宠之口。

胡子为此精心打造了整整一墙书架，他说希望有人能舍掉藏私的念头，让与自己生命割舍不开的书缘在这些格子里重现。

草草希望每个人都能在专属于自己的格子里写下一段故事，她会力争用纸和笔抢占每一只沙发（纸上的豆瓣？）……

我已经开始认真地从书堆中翻找 50 本“夏日之书”，它们被关在家里或压在橱底没什么意义，真的挪到图书馆里也许会美得像一蓬花。

这就是每个人的图书馆。

悲观主义者的花朵

繁花能够存在多久，会不会终有一天被人遗忘?

在这个问题上，我其实是个悲观主义者。

现在的独立书店基本已经转型为综合体了，通常情况下纯粹经营书籍难以坚持长久，并且国内很少有欧美那种家传的“老字号”，随便一个要素变化面临的可能就是关张大吉。

然而，依然有很多人选择坚持，融合更多的元素让书店扎根在心爱的城市里。

开书店的人都是爱书人，来书店的顾客也是爱书人，只要有爱书人在，实体书店应该就会像实体书一样，不会最终消亡。

只为你写一首小诗

那一年生活不再赐下恩惠 / 少女一丛丛被兔子洞吞噬 / 茶不再有香气 / 桐花未开即败 / 诗嚼不出一丝大麻的味道 / 雨不听劝阻地下个不停

一切智慧的手指都出卖给 / 键盘和陌生的身体 / 一切纹路 / 在正午的阴影下蔓生 / 相对已经 / 快成为败絮般庄重的尸体

书从架上掉落 / 埋葬于二楼巢居已久的米粮 / 砸醒一个卷曲如耳蜗般的念头 / 一面墙，四面墙 / 默不作声的书墙 / 吞吐着世上所有的嘲讽与阴湿 / 如伟岸的影俯瞰小巷中的荒原

搬梦为砖 / 砌进北方的胡谣 / 南方的雨水 / 西方手持令牌的雕像 / 更东面远海孤岛上 / 清冽的草汁和甘美的花蕊

喧哗无尽 / 人们需要休息 / 繁华无尽 / 书页只黄至边际 / 繁花将尽 / 果实擦去泪的幻象 / 滴入每个熟悉或陌生的 / 火热而金黄的唇间

果子已熟落 / 而秋日仍铺展无休 / 花还在生长 / 会再长

写于繁花·我们图书馆创立两周年。繁花·我们图书馆位于

青岛江苏路59号甲的一座小楼二层，有书有酒有朋友，创立者与工作人员都深爱这里并以之为荣。诗中嵌入了许多“繁花党人”的名字，收录于2017年出版的诗集《夜行：小米的诗》。

繁花·我們圖書館
FLOWER HOUSE OUR LIBRARY

2012年9月23日开业

山东省青岛市江苏路59号甲

17 既然命中注定，只愿白首不离

羊　毛　苏州慢书房创始人

“为什么会开一家书店？”慢书房开了六年，这个问题也被问了六年。

因为喜欢，当我们无法找到一家可以静静地看书写字的小店时，就试着开了一家。

因为困境，30 岁那年，忽然看不到人生的方向，所有的门忽然变成墙，吃抗抑郁的药物，看心理医生，请长长的假宅在家里……直到开了一家书店。

因为可能性，有一天忽然意识到生命短暂又无常，如果一辈子不曾倾其所有地做一件喜欢的事，将是多大的遗憾。开家喜欢的店，是不是会有更多值得回忆的时光？

……

所有这一切都是理由，却又都不是。年岁渐长，有种宿命感，发现很多事都是命中注定。就像注定你会遇见一个欢喜冤家，注定你会有一个某方面和自己很像的孩子，注定你是现在的样子，而我注定要守着一家书店。

2012 年的夏天，去医院看病出来，下午四点在一家小饭馆吃这天的第一顿饭，对面开着家书店，橱窗里摆着我最喜欢的《小王子》。待我走进去时，我后来的搭档雨花姐就在门口的柜台里对我微笑。命中注定，两个因为书而相识的女生，会共同拥有一家书店。

2012 年的秋天，找铺了两个月未果，几乎要搁置时，机缘巧合，被带到一家即将关闭的陶瓷店里。里里外外走了一圈，我的眼眶红了。雨花姐问我怎么了？我说："这个感觉就像一个女人 30 岁，经历无数相亲失败，遇人不淑，失恋分手……却在某天一见钟情，忽然明白，所有的不如意就是为了等来这一刻。"店里的装修几乎是现成的，房东先生想在回台湾前把房子租给做"文化"的人，命中注定，这间陶瓷店一个月之后变成了慢书房。

2013 年，研究"张氏家族"的专家王道老师为慢书房启动了第一次读书会，后来他的每本书都会来这里分享；著名学者徐贲老师从美国回来探望老母亲，骑个自行车来书店看书，后来他做了我们的第一次"学术沙龙"；带着"偏见"看世界的许知远无意间逛进来，点了一杯咖啡，买了两本书，后来他成了分享嘉宾，我们第一次看见作家被"丢进"读者中间，是那么动人。命中注定，这家只有 114 平方米的小书店，5 年时间，做了 600 多场作家、学者的分享会。

一切就是这样开始的，当初的预期仅仅是一个安静得可以看书的角落，却渐渐成了很多人的桃花源。常常被人问：“开书店好吗？”我总是说：“除了不赚钱，其余都是好事儿，好得超乎想象。”

以前的我，没办法想象一个工厂里的女孩，喜欢来这里看书，用好不容易讨来的工资买了一盆杜鹃和一盆木香花送来，她说：“我要回老家去了，不回来了，我想让这两株花替我在这里，留着念想。”

以前的我，没办法想象一个高二的女孩每周末都来这里看书写作业，后来她大二了，遇到变故，得了抑郁症，她说：“还好有慢书房，让我知道这个偌大的城市里，还有一个地方我可以去。”

以前的我，没办法想象一位即将退休的母亲，每周从上海跑到苏州，来参加一场又一场的分享会，她总是认真记录，认真提问，衷心感谢那些老师让平凡的人生里多出一束束光芒。

以前的我，没办法想象在网络时代，还会有人写信。可是现在，每个月我会给“共读群”的读者写信，从开始的仪式感，变成后来的彼此倾诉，我常常收到回信，有时是和我一样的母亲，有时是写字还常常用拼音替代的孩子。那是一种能够真切感受到的幸福。

以前的我，没办法想象一家店里的客人渐渐变成了员工，变成了义工。他们说：“我总来看书，能不能来工作？”即使面对的是琐碎日常，微薄薪资，也不曾有半句怨言，且处处替店里着想。慢书房支付薪水的只有四个人，拍全家福时却挤满了一张照片。我不知道情怀究竟是什么，但我知道有情怀的人多么珍贵。

以前的我，没办法想象书籍封面上的名字会出现在我的通讯录里。《小王子》是我的生命之书，每每身处困境，都能在其中寻到光。这本书的译者周克希老师是法语文学翻译大家，他从出版社那里听说我和《小王子》的缘分，便答应来做分享。那一天，我激动得语无伦次……后来周老师还与我们合作了文创，后来我还主持了他在上海书展上的新书发布会，后来这位七十多岁的大翻译家成了我的忘年交……

一切都不可以思议，一切都无比值得。

陷入回忆的我历数着每一件小事，仿佛是闪闪发光的奇迹。人工智能的时代近在眼前，餐厅可以外卖，商品可以网购，连去银行办业务都可以自助操作，我们究竟怎么做才能不会被机器和网络替代？我想大约就是关照每一本书和每一个爱书的人吧。

我们有一个新产品叫“一架书”，就是一个装满书的书架。预订的读者告诉我们收书人的年龄、工作、喜好，甚至关于他们的故事，然后我们就会把书选好，一本一本包装成礼物，放在书架上，随之寄去的还有一封信，一封关于“我所了解的你”的书信。

那天收到一位委托人的信息，她说：“我是一名小学老师，想要送书给曾经的学生，现在那个女孩子已经上初二了，她在写作上非常有天分。可是10岁时失去了母亲，从此以后，她总是极力掩盖自己的情绪，我看她的作文时，觉得她需要被打开，我想她长大之前的书都由我送，你们能帮我选吗？”我们在微信上聊了很久，我一直在流泪。一个成人希望用书去安慰和鼓励一个孩子，这就是书店存在的意义吧。

我想她读汪曾祺时，可以知道好的文章不需要很多形容词；我想她读李娟的时候，可以明白表达痛苦的方式有很多种；我想她读《等一朵花开》时，看见冷淡的生活里也会充满暖意；我想她在《相约星期二》里读到生命尽头，每个人都可以被原谅，包括自己；我想她在《小伤疤》里找到一个拥抱和一点勇气。我想让她依旧感受到被爱。那天我坐在书店的窗前写信给她："等你长大后，回想现在，就会知道自己是幸运的。"

后来，那位老师发微信告诉我，你不知道她收到这个礼物有多高兴。我不知道她以后能不能成为一名作家，但我知道，如果有那么一天，我一定会在书店里摆出她的书，我要把书店一直一直开下去，为了这样的希望，为了平淡的时光，始终有所相信，始终能被感动。

要写一篇介绍书店的文章，对我来说很难，她就像是我的女儿，别人看见的每一点成长，于我而言都是惊喜和感动，无法说尽，又无从说起。可是，我愿意踏踏实实地这样陪伴着她，彼此影响，彼此改变，有一天她长大了，我变老了，还是这样守护着。

114 平方米，真的很小，可对我而言，已然如同整个世界。理想的书店，就是它总超越你的理想，却又不曾变成其他的模样。曾经跨越海峡来慢书房做分享的张晓风老师在书里写过："树在。山在。大地在。岁月在。我在。你还要怎样更好的生活？"不要了。足够好了。如果还能许下什么愿望，就是希望能与之白首不相离。

SLOW TIME
慢 書 房

2012 年 11 月 11 日开业

江苏省苏州市观前街蔡汇河头 4 号（近临顿路）

18

乐活——我的书店故事

二　毛
眉山咸鱼贩书创始人

我是二毛，90后，不专业的读者，不专业的商人，顺便开着一家不太靠谱的小书店——咸鱼贩书。

四年前，听着五月天的歌离开了大学。在一无所有的年纪和两个闺蜜在家乡的小县城里开了家小书店，做了条幸福的“咸鱼”。我有幸能在年轻的时候选择做这件事情，正如茨威格所说：“一个人最大的幸福莫过于在人生的中途、富有创造力的壮年，发现自己此生的使命。”仰天大笑三声，哈哈哈！

我的家乡在四川省眉山市。眉山市是一座充满文化底蕴的城市，也是唐宋八大家“三苏”——“苏轼、苏洵、苏辙”的故乡。我们的咸鱼就开在眉山市的仁寿县城里。小城虽小，人却不少，是全国第三人口大县，县城里只有几家卖教辅的书店，委实无趣。这些都为我们的书店经营提供了有利条件。小店开在一个比较偏僻的地方，但是我们好好做人，用心经营，几年下来咸鱼也算人来人往。不敢说咸鱼为家乡的文明建设有多少贡献，但对我们来说咸鱼为家乡那些熟悉的人、陌生的人，为这个慢不下来的世界，提供了简单、安静、单纯的一方场所。

咸鱼由一套临街的底楼公寓改造而成，装着我们从咔咔角角（方言：小角落）搜集来的“宝贝”。我们没事就逛二手市场，快要拆迁的地方常有我们的身影出没。平常走路时连垃圾堆都忍不住多看两眼，甚至两眼放光淘宝时，还不小心看到了人家擦过屁股的卫生纸。还好，一路走来，一路收获，废弃的门板、冰箱、柜子、沙发、电视机、喂鸡的水槽……谁说贫穷限制了想象，贫穷也给想象开了外挂。这间老旧的小公寓和一堆拾来的“宝贝”重新改造利用，为我们缩减了大量的成本。

咸鱼这件小事告诉我：“痴到深处，三宝必见。”当你非常想要做好一件事情的时候，类似处女座有强迫症出现时，这件事情就已经慢慢变成现实了。

刚开始的时候，还是没有经验，去四川书市淘了一批书，生意也还算看得过去。因为书市里的书大多是畅销书中的战斗机，很对县城里年轻人的口味。那时我年纪也轻，也曾爱不释手。但随着涉猎的范围逐渐扩大，书市不再去了。因为我知道那些畅销书经过岁月的沉淀，如同废纸。

店面太小，我们只在好书中淘好书，希望放在店里的每一本书都能被反复阅读，好好珍藏。店太小也不知名，当时的出版社大多是不怎么理睬我们的，于是开始参考各大图书网站，豆瓣书评、图书标准网、百道网等，凭借自己平时的积累在网上海淘好书，也会去成都一家关起门来营业的“象形书坊”找老宋，他也会给我们推荐一些独特的好书。在图书网站发优惠券的阶段，也会用N个账号疯狂抢购囤货，等等下策。不亏本的书店不是好书店。但我可以毫无保留地说：我们就不是一家好书店。

咸鱼书店免费对外开放了好几年，没有一茶一座，没有最低消费。

我们实施“一人一千”原则，鼓励读者把自己的书籍放在书架上供客人免费阅读，这样一个人就可以用一本书读一千本书，咸鱼也在一年等你一千回。店里清闲的时候就狂啃书架上的书，只有这样我们才能够在读者询问时认真推荐，而不是浮于表面只知道大概，店里顾客常来常往，我能很精准地知道他偏爱村上春树还是东野圭吾，还能够与客人青梅煮酒论英雄。

一家书店想靠只卖书活下来是非常艰难的。不过对我来说，只卖书少了太多乐趣。罗素在《幸福之路》里写道：“一个人的兴趣越广泛，他拥有快乐的机会就越多，而受命运拨弄的可能性也就越小。” 我们这些书店人也许更像是拥有一个有趣的灵魂，热爱着“本我”之外的一切。

我在卖书，不如说我在分享我生命中所热爱的东西。

书籍是我人生的指路牌。虽然不会很明确地告诉你答案是什么，但是会潜移默化地教会你思考，用多重思维方式，告知你在这个茫茫宇宙中，群星璀璨，你不是一个人在战斗。

做手工也是我所喜爱的，当精力投入到手工这点事情时，万籁俱静。做手工的这件物品不仅仅是个物件，而是像《小王子》的玫瑰花一样特别。我们会把手工做的东西放在店里卖，补贴图书的收入。比如：上海崇明土布制品、冬季羊毛毡、钩针工艺品、不织布、袜子布偶、手绘书签、MINI 干花束……像天上的星星一般多。对于开店这件事情就跟玩游戏一样，不停地刷怪升级，无法自拔。

但是开店以来最好玩的却不是上面所讲的，而是遇到那些特别的有趣的难忘的可爱的人。有一天瓢泼大雨，我回店里，看见阳台和下面的台阶都长了许多五颜六色的大蘑菇出来，吸了一口气，心中骤暖。这个书房，被大雨小心翼翼地包裹着，渺小安静地立在天地之间，散发着温暖的奇异光芒。那日，有位客人离去，把伞落下了，发来信息“下次我再来拿伞吧”。隔几日，他又到咸鱼，看完书临走时不仅忘记带走原来那把伞，还把当天穿的格子外套落下了。于是，他又打电话来说：“嘻嘻，我明天再来拿。”

故事就在这样你来了又来的每一个瞬间开始了。

有一天傍晚，我关上店门外出吃饭。回来时，远远地看见一个眼熟的小弟弟笑眯眯地望着我走来的方向，呵呵，原来他在等着我开门。这个小男孩，在刚开业的那个寒假，几乎每天晚上都来店里点一杯咖啡小坐，有时在店里等他的小女朋友来，有时带上他10岁的小侄子，同我聊着发生在他身边的那些事。久了，我说：你每日来就好，不用喝咖啡，喝多了睡不着觉。但是，过了些日子，他再也没来过咸鱼，也许是和女朋友散了，也许是离开这个小县城了……

冬日里，人们说话嘴巴会冒着白色的哈气。一个带熊掌手套的男生，总在星期天晚上返校的时候来店里买件东西，一支笔或者一个本子。送他出门，见他骑着一辆自行车远去。我脑补他推着自行车在大冬天爬上店门口那个陡坡的背影，我想这个背影和朱自清爸爸的背影一样令人难以忘怀。因为咸鱼的位置并没有临街，而是开在一长串再加一长串的石梯台阶旁边。

我过生日那天，我们开着门集体出去吃饭，归来时，里屋那个毫无逻辑的书架，不知被谁收拾得整整齐齐。后来才知道，原来就是那个推自行车来买东西的小男孩。生活啊，你总是猜不着接下来要给你的那颗糖是什么味道的。

2016 年 6 月 8 日，高考刚刚落幕。有位常来店里的小妹妹立刻到店里找我，我恰好不在，她留了张卡片放在桌上。我还记得上面写着：“二毛姐姐，我高考完了，好奇妙的感觉。”这位妹子，现在已经大三了。实习时就住在店里，替我守了一个月的店。不知不觉，他们变成了咸鱼的家人。

有个弟弟不爱看书，但爱到店里弹吉他，业余抓老鼠。我们是因一次老鼠事件认识的。小店开在底楼，说来惭愧，经常有老鼠前来光顾。他坐在外间喝牛奶，我们几个女老板在里间赶老鼠赶得鸡飞狗跳。一个留神，老鼠朝这位喝牛奶的小客人蹿了过去。“完了，一定会把客人吓坏的。”谁知，这位小弟弟在外间笑得前俯后仰，撸起袖子，帮忙缉拿到了“凶手”。正所谓不打不相识。

有位顾客朋友叫“果儿”，经常在她自己的电台 FM 里播一些发生在咸鱼的小故事，尽管没有多少人听她的电台，但她还是默默地收集着。

有时，也有失恋的顾客会在店里的留言本上留言：“天下分久必合，合久必分。”额，有道理！

现在这些孩子有的去读大学了，有的参加工作了。清晨打开手机，会收到一两条满屏的留言消息，讲述着一些他们现在的故事，我站在店里安静地看着一行行文字，不知道如何叙述这样一种情感，想流泪却如堵住了一般，不知所措……

咸鱼已经不是我一个人的，它是我们集体共同拥有的一个精神世界，是可以随时穿越青春的精神博物馆。很久很久之后，再次踏回这里时，你知道，我们的青春在这里共同渡过。我希望某年某月某时某刻，你们依然在这里看到我，不过青丝变银发，皱纹爬满脸颊，到那时，我们再喝一杯茶，点一炉香，诉说着我们共同的那段故事。

咸鱼贩书认真做着自己喜爱的事，用自己绵薄的力量快乐地支撑着它。现在各大书店如雨后春笋般出现，书店渐渐回暖，希望人们能重新能找回自己的精神世界。而我们的小咸鱼，摸着石头过小河，边做边摸索。用小“做小”，以后还是会“很小”。大书店小书店都无所谓，“参差多态乃幸福之本源”，做人开心就好。

SALTEDFISH BOOKS 咸鱼贩书

One book you read,one ocean you take

2014 年 1 月 12 日开业

四川省眉山市仁寿县老天梯

19

不能以书维生，也可与书俱老

孟　丹　常州大热书馆创始人

2012年8月30日，某公司例会，我在工作簿上写下四个字“明年今日”，然后郑重用胶水糊上，一层叠一层。那是我在公司上班的第730天，度过了最难挨的适应期，顺利进入到麻木期。翻了翻那两年唯一的工作簿，没有一个日期，没有一项工作记录。满满的涂鸦，情绪，还有灰褐色的咖啡或者茶渍。

2013年8月30日下班，把换下的工作服、皮鞋摔进垃圾桶，走出公司大门，头也不回。

所以，我是很有目的性和计划性的人？当然不是，我只是很冲动，无知，外加一点不知天高地厚。很多人问我做书店的勇气从哪里来，如何思考决定，遇到哪些困难，又是怎样克服的，未来愿景又是怎样。这时，我会闭起耳朵，用玩味的眼神回复：知道无知者无畏吗？

辞职后拜访汉源书店。推开门，书店中的家私和布局，书籍和茶香，音乐和温度，人来和人往，尽是20世纪三四十年代的古典雅致，隐约中还透着一代学人的精神和风骨。那是我第一次真正意义上踏入独立书店的大门，着实被震撼得不轻。以至后来拜访各国各地的独立书店，见识到无数惊讶和晃眼的设计、概念、陈列，再也没能突破那一次的体验。

走出书店大门，我决定也要开一家书店。什么本城文化氛围、品牌理念、投资选址、经营思路、受众群体，统统没考虑，只有一条：一切向汉源看齐。

和小伙伴骑着电动车逛了方圆两公里，指着一间100平方米的毛坯房：不错，就这了。没有半点行业经验，没有一位同行朋友，没有任何指导意见，仅凭着因见识浅薄而生的自信和勇气，大胆挪用了买房的首付款，就这么开始了。

一切都是第一次。

是啊，就连确定店名，我们也只花了半天时间。翻了翻哥哥的专辑和电影，就“大热”吧。

因为资金局限，装修期间熟悉了瓦工、漆工、水电工等很多基本操作。我们去二手店捡来很多废的马赛克，一粒一粒的，指甲盖大小。师傅一看连忙摇手，无奈我们又去买来几罐玻璃胶，开始一块一块往墙上贴。没有设计和计算，只是凭感觉，想着把大热的“DARE”四个字母贴出来。

等三天之后，这几个字母呈现出来，我才发现：READ组合也是 DARE，DARE（大热）就是 DARE（挑战）。这四个字母，几乎是这方小书馆经营至今的关键词。

在一切懵懂时，已经被阴错阳差地贴在了墙上。

接下来是选书，将家中的书打包了三五箱，满腔自信以为能就此分享阅读开张大吉了。

等搬上书架，它们毫无存在感地埋没在两层格子里，我恐慌了。脱下手套，坐在地上，就开始选书，咨询了常州几家书商和二手书店。在几大电商 APP 中轮流切换，无日无夜地从店里刷到家中，又从饭桌上刷到被窝里。

这里出现了第一个 DARE：非经典快消类的书籍价格实惠，经典的文史哲艺类定价高折扣低。在连续几日数量和质量的取舍摇摆之后，总算购得了第一批书籍。其实也是寥寥可数，所以需要将书正摆、侧摆、扭着摆，书壳、书芯拆开摆，才能勉勉强强将书架全部充实起来。

当时因为追求数量而购得的一批书籍，都在日后点点滴滴中转移或消化。书店形式万变，最核心的还是书籍品质。就这样，依赖于背后那双无形大手的推动，任何工作都是事到临头才摸索学习，我们经营大热的第一年，不负所望——一败涂地。确切地说，在财务上确实一败涂地,租金水电的高压和整整一年两人的零薪资。

但我认为还是有不错的一方面，因为就在付不起高额租金准备另觅新址一切重新开始的时候，只想着，这一次要如何改变和进步，如何将脑子里的 IDEA 一个个去执行，丝毫没有动过计算得失利弊就此关门结业的念头。

日益增多的书籍需要持续分享，会员的支持与期待，朋友的帮助与鼓励，均是契约。这条路，要么越走越光明，要么继续在黑暗中摸索，哪有回头之说。

所以，不见得是一败涂地吧。

这一次从头开始，只剩下了我一个人。花了五个月的时间（从毛坯房到我做第一杯咖啡销售第一本书），事无巨细，太多太多需要配合处理。上一秒在和家具厂定制书柜的款式和尺寸，下一秒就是设计包装纸袋；试一试咖啡做得怎样了，要不要增添一些玻璃器皿；菜单需要更改，桌布定制红色还是蓝色；后天师傅来装监控和音箱，背景音乐还未考虑好；洗手间该选择怎样的香薰，进口还是国产，什么品牌；进口书商发来的书单还需要精减，我应该给会员朋友们发送一条新书讯……

如此节奏贯穿了大半年的时间，我的身体近乎虚脱。眼看着新大热的模样按照我的构思和设想逐渐清晰，精神又极度兴奋。夜夜失眠，虚脱与兴奋，此消彼长从无间断。我想这将是我一生中仅有一次再没有勇气回忆的辛苦历程。

期间，又拜访了很多城市的很多独立书店，在学习经验的过程中逐渐明确了大热的定位和我的期待。小小的书馆，我有两个期待，准确地说，一个是期待，另一个是梦想。

关于梦想，大热的面积，再小一些，是啊你没听错，150 平方米太大了，其实我只需要 62 平方米的空间。书籍再多一些，哦不止一些，再多 10 倍吧，或者 20 倍，从窗台到收银台，脚底到天花板，堆得满满当当，摇摇欲坠。咖啡区呢？早就没有咖啡区了，厨房都堆满了书，各种孤本、旧版、新版堆集一起。只有我一个人坐在角落独自看书，拿铅笔圈圈重点，用橡皮擦擦灰尘。

等着爱书人的到来，愿意就聊一阵，聊也是聊书事，不论人事。他喜静，就由着他独自翻书。

每一次和朋友们聊起未来的计划，如何推广、如何更佳经营、再创更多分店的时候，我总是低头不语，灵魂出窍般躲避到那个62平方米的旧书馆里，用心擦着一本1977年版的《边城》封面上的一块积灰。

不幸的是，以目前的经济实力、知识储备和见识阅历，还有摆脱不掉的一些身份和物欲，作为饮食男女，这个梦想，真可谓是幻想。所幸还能理性面对，幻想不行，转而梦想，梦想不成，转向期待和希望。

关于希望，希望书馆是此城此地此环境应运而生，不因商业目的刻意为之。不会过多的引导或者打扰到原本就日渐急躁的都市人。期待书馆内的一切事物，无论虚实，呈现给读者的是一种自然的悠缓的温润的感受。即使某位朋友因为某书籍的某思想，改变了自己的情绪和轨迹，也希望这种改变是主动的，向善的，在安安静静中发生完成的。

我动机不纯地热爱着“自然规律”“减法”“随性”这些词，这些词实在巧妙地帮我掩饰了无计划、无纪律等很多的缺点。热爱观察书店里的人来人往和事件，这些书与书、书与人之间的缘分，在非(少)人为的环境下，是怎样发展的，又会产生怎样有趣的结果。

整理到辜鸿铭和胡适的作品时，会把他俩的书隔着很远摆放，我怕这对冤家在书架上硝烟四起。把一枚十字架放在《走向十字架上的真》前，转念一想，又将书置于高层，毕竟要留出空间让人“走向”。读到特别喜爱的书中的章节，我会写上小卡片：

这一章节我非常喜欢，想必您也如此，如果不介意，让我请您喝杯咖啡吧

——无所不在的老孟

然后，当客人拿着小卡片来点免费咖啡，两人会心一笑，心照不宣。

有一次，一位朋友和他的作家朋友到访大热，临走时，作家朋友将自己的新作（一本都市小说）赠予大热，他本想在书架随意找个位置摆放，却望见书架上一本薄薄的诗集。作者是他的前女友！他惊讶得说不出话，因为那是一本印刷量极少的冷门诗集。我没有告诉他其实只是在路过一家二手书店随手淘来的。

他把自己的书放在前女友的诗集旁，离开了大热。这本都市小说和诗集，题材观点均不同，在大热却再没有分开过。

书店里这些无意的细微的常常发生的温馨和快乐，特别鼓励我。同时，这些书店、书事和书人也在庇护着我，因为我是个天性基础比较差的人，不借此沉淀一番，真不知道会变成什么样子。所以可能创业的经济回报没有办法计算，精神上确是收获千万。

馆内书籍的总量和副本率都不高，销售量平平，选品也是严重偏科，但我还是花大部分的精力和时间在做书籍整理工作。通常半夜阅读和选书，上半夜效率很高，下半夜效率更高。可喜的是，四年来，无论是书籍销售或是借阅统计，都有大幅增长。很多初识不读书的朋友，也从通俗小说开始，到社科历史、经典文学，逐步养成了阅读习惯。

这几年，书店行业看似熙熙攘攘，但对于大部分书店而言，书籍的微薄利润甚至抵不过库存压力以及日常损耗。一样，大热也是依靠咖啡区的收入维持生计。最早阶段，心态很难调整平衡，一边做着咖啡一边自我鄙视。然后渐渐想明白，更新书籍保持新鲜度，维持租金和人工，很多现实问题，想生存，想升级，要么妥协一部分，换取更多的机会和可能，要么直接宣布失败，退出。

我想，咖啡店与咖啡书店的同一杯咖啡是不同的，不同之处大概在于，咖啡书店的这一杯咖啡有更多可能，可能在店内目及之处，可能在与店员的攀谈小叙之间，会通过“自然规律”，偶遇到对自己很重要的一本书。

几年来也尝试过由个人向小团队发展，尝试过举办一些沙龙活动，甚至几次冒出开设分店的念头。说是向上的进步的发展道路，像公式，像信念。其实对我来说，更像是魔咒。因为在沟通、运营和管理方面，我是能力很差的一个人。自卑过，努力过，成绩平平，但在过程中渐渐觉得，每个人在这个世界上都有着不同的位置和能力，若不擅沟通，就试着寄情于物，到访者从物中取情，将沟通完成于无声之间，也好。

这间小小书馆，没有什么崇高的理念和信仰，也没有要做出什么成绩的雄心壮志，就是希望每一位走进这里的朋友，可以暂时搁置一些疲惫与计较，跟朋友，跟书籍，跟旧物，偶遇或重逢。安安静静，自由自在。

大熱書館

i'Reading

2014 年 1 月 15 日开业

江苏省常州市通江南路 261—5 号（凯兴商务广场一楼）

20 书店，我的孩子

程　磊　武汉境自在书店创始人

看到标题，可能有人会笑，这太普通了，而且现在有很多书店老板都说书店是自己的孩子。可我想了很长时间，还是觉得这个名字最能表达几年来我开书店的心路历程。

38 岁以前，书店对我来说，就是一个买书的地方，极少会去书店待很长时间。

无论是出差或者旅行，都不会把书店放到必备行程里。而且除了上学读的教科书和工作后看的工具书以外，我的阅读量不算多，即某些名人所说的“无用的书”读得很少。我的工作也与书店基本没有什么交集，不管是行业还是岗位。

20 岁参加工作，分别在国企、外企和民营企业中从事财务管理总共18年的时间，之后从高管职位裸辞。就是这样一个既不嗜书如命，又没有任何从业经历背景抑或梦想的中年双子座大叔，在自己38岁差一个月的时候，在武汉最繁华商圈一栋写字楼的19层里，开起了一家书店，名曰：境自在。

开店之前，也没有想得太多或是其他什么特别的原因，就是在几种备选方案中挑中了书店作为自己职业生涯的下一站。通俗地讲，开书店将是我以后谋生的饭碗。听起来确实有点让人匪夷所思，但事实真是如此。

读者来书店问我最多的一个问题是：你为什么会想到开一家书店？而且常常已经设定了答案：爱读书、有书店情结、以书会友，等等，不一而足，最关键的答案是：老板不差钱！否则怎么会去开一家看上去明显不能赚什么钱的书店？

此时的读者总是满怀期待地等着我讲述一段独特且动人的故事，所以每次当我将实情如实告之时，读者们往往是满满的不相信：怎么可能？就这么简单？！

开书店，要说没有准备也是不符合实际情况的。因为自己是外行，心中完全没有框架，几乎所有的事情都是现学现用：了解图书资讯、逛各种书店、阅读相关书籍、书店选址、寻找图书等商品货源、办理公司注册，等等，真的是每天都有新收获，同时又充满着期待和忐忑。

经过数月筹备，2014年4月25日，注定被深深刻入内心的日子，写字楼19楼，一间房，50平方米，两三千册书，主营书、茶、咖啡，倡导全民阅读，希望传递真实、自然、平和、自在的读书生活理念，武汉境自在书店就这样风风火火又冷冷清清地开业了。

2014年微信已经很流行，当我发布自己开了一家书店的消息后，赞誉者甚众。书店刚开业的那几天，各路朋友纷纷登门道贺，还算热闹。来的读者虽然不多，也在意料之中。相反家人中少有支持者，直至现在，始终存有质疑和担忧，这也是我有时比较苦恼的地方。

仅仅是因为大家都认为书店不能赚钱吗？开书店是不务正业吗？难道书店注定就是一个只能谈情怀、无法独立谋生的行业吗？

在筹备书店的过程中，我不断了解到有关书店行业的尴尬，大量实体书店因为无法持续经营而关门，其中不乏一些很有名的连锁书店。我也在反复地思考，书店作为一个经济行业，为什么会是如此现状呢？到底是主观问题还是客观原因呢？如果我们始终注重商品和服务的品质，明确经营目标，最大限度地满足读者的需求和体验，难道就不能走出一条自力更生、自负盈亏的独立书店之路吗？

带着这些问题、这些期待、这些忐忑，我闯进了书店之门。现在想来，真真是无知者无畏啊！

书店开业的前几个月里，每天来的读者很少，甚至整天都没有读者来。但每来一位读者，我们都会真诚地接待，如果读者有兴致，还可能会交流一下，听听读者在书店的感受、建议或意见。我们也通过微信、微博、团购等平台发布书店的活动信息，以招徕人气，还有些效果。渐渐地，知道境自在书店的人多了起来，虽然书店很小，但轻松安静的氛围、精心挑选的图书和恰到好处的服务，让来到书店的读者感觉还是比较好的，许多人自发地在各种社交平台上为我们点赞打 Call。就这样，境自在书店的好口碑一点点地传开来。

不知不觉一年过去了。在这不同于以往 18 年，甚至不同于以往 38 年的奇妙的 365 天里，几乎每一件事、每一个人对我们来说都是新鲜的。我们用心对待每一本书、每一个人、每一杯茶、每一杯咖啡、每一盆绿植，甚至连书店的日常清洁都做得津津有味，所有事物在我们眼中都充满着生命力。许多新老读者的身影时常出现在书店里，他们不断滋养着书店的成长。

与不断提升的品质和口碑不成正比的是书店的经营状况始终不瘟不火，即使在我们的预期中，想过会有相当长的亏损阶段，但没想到会持续这么长时间。我们反复总结分析，找原因，想办法，却没有明显改观。书店一周年前后的那段时间，表面上书店在热烈庆祝着自己的第一个生日，可私下里我非常自卑，非常茫然，不知道接下来书店会是什么情况，还能坚持多久。

在书店一周年的读书会上，我在感谢大家的同时流露出了一点悲观的情绪，读者们却非常真诚地给予鼓励，举了许多例子，说我们在目前的社会现状下能够做成这样已经很不容易了，他们身边有许多朋友都知道境自在书店，都愿意支持书店的发展。听到这些真挚的话语，我热泪盈眶，多么好的读者啊！

现实的书店生活仍然在不咸不淡地过着，也有朋友劝我说，既然书店已经开起来了，如果经营情况实在不好又不想关掉的话，可以请人打理，自己再做回原来熟悉擅长的事，赚了钱还可以再贴补书店，说不定书店会走得更长远些。劝的人多了，我确实有些动摇，甚至在网上更新了自己的简历信息，一时间不少猎头公司来电了解意向。可我的内心始终在彷徨、挣扎，着实不甘心。难道就这样不明不白、糊里糊涂地放弃？

书店生存的困境一点一点吞噬着我的信心，可每当我待在书店的时候，这里的每一样东西都分明已化作我的血肉，特别是看到那些热爱阅读、热爱书店、热爱生活的读者时，我能感受到他们所流淌出的真诚、支持和鼓励。此刻我才深切地意识到，我把开好书店想得太简单了。要想成为一家真正的好的书店，还有好多事情需要去做、去学习，前进的路上，容不得三心二意。我一碗一碗给自己灌着心灵鸡汤，希望能鼓足继续向前的勇气。

很多事情都是坚持出来的机会，书店加入了一些行业群体，开始有了作家分享会、阅读达人读书会等越来越丰富的活动，书店静心读书的氛围也越来越明晰，好书和读者也越来越多，甚至还有外地慕名而来的书友，这都是令人开心的事情。

虽然经营仍然很不稳定、很不理想，但毕竟在书店圈里有了我们的一席之地，总体情况也在向着好的方面发展，这就是希望啊！

2015 年 11 月初，在做完一场作家的新书分享会后，我独自开车到了安徽黟县碧山村，那里有南京先锋书店开的一家分店：碧山书局——我一直想去探寻的地方。深秋的碧山，果然是一片幽静所在，虽然离大名鼎鼎的西递、宏村都不远，但这里显然还没有被商业过多浸染。村民非常淳朴好客，有了书局之后，也会时常到这里来坐坐，看看书，度过一段安静的时光。当晚，我熬了大半个通宵读完了《大地上的异乡者》（这是一本介绍南京先锋书店和老板钱小华先生成长历程的书，当时书已绝版，住宿农庄的老板看我真心喜欢，就把他收藏的有钱小华签名的这本书借给我）。

我第一次如此感同身受地读完一本书，直看得热血沸腾，看得虚汗直冒。热血沸腾是因为钱先生的经历，他开书店至今 20 多年一路走来，经历过不少巨大失败，甚至想过跳楼，但正是因为钱先生内心对阅读的本真和实在的坚守，使得先锋书店依旧成长并不断壮大。书店被钱先生视作自己的母亲，他对书店的解读已经远远超过了提供阅读空间的范畴，而成为一种文化标识、一种生活理念和一种社会态度。虚汗直冒也是因为钱先生的经历，让我看到彼此的差距如此之大。我一直以为自己够用心、够专注，但看过碧山书局，又读过这本书后，我深深地感到自身状态其实还是很“飘”，自己对阅读的坚持和执着，对书店有效经营模式的钻研和思考，以及与书籍和阅读相关的其他方面的探索都远远不够，还需要更加沉淀、苦练内功、突破自我。在借鉴这些优秀同行经验的同时，要多动脑筋、多想办法，从选书、经营、文创产品开发、书店活动策划等方面积极探索适合自身实际特点的发展之路，让境自在书店真正成为热爱生活、热爱阅读的朋友的自在空间和精神家园。碧山之行虽然短暂，但我收获了更加坚定和专注的心。

从碧山回来，我的激情仿佛又被点燃，每日里忙忙碌碌，乐此不疲。每当夜幕降临，归于平静，特别是夜深人静之时，我对书店的前景仍会有些隐忧，心中总觉得有话想说但又不知怎么表达。书店对我来说，到底意味着什么呢？

11 月 18 日的傍晚，平常而不经意。我坐在书店里，读者不多，那一瞬间，突然感觉胸中有许多话往外迸发，于是，一篇名为《书店是我的孩子》的微博把自己一直以来放在心里的话告诉了大家：“所以，现在，以后，书店就是我安身立命、相依为命的孩子！无论贫穷或富贵，无论健康或疾病。我没有期望她有多么了不起的成就，但希望她能人如其名，自在、平和、健康成长，为我们的生活带来一份宁静和快乐，境自在拥有的是意味深长的岁月。”我的个人微博也改成了“书店是我的孩子”。这条微博意外地被很多人转发，引起了极高的关注度，还因此与一些慕名而来的读者成了朋友。

也有人善意地提醒：你这样说勇气固然可嘉，但也断了自己的后路，如果以后书店真开不下去了怎么办？是不是自己打自己脸？我没想过用这篇文章证明什么，也没想过要给自己留后路，因为一个正常的父母都不会在抚养孩子上给自己留什么所谓的后路，只会尽心陪伴孩子健康快乐成长，我们希望平等尊重每个生命的自然规律。当我这样想时，一切都释然了，必须专注向前！

人处在专注的状态中，时间仿佛过得很。转过年，书店也快两岁了。两岁生日前后那几天，很多读者朋友都送上了温馨的祝福。其中有一位书店刚开业时就来过、平时偶有联系的读者发了一篇超长的微信朋友圈，请允许我原文照登：

开书店一直是我的梦想。

两年前偶然发现写字楼里这家小书房，他的图书并不丰富，陈设从店面角度来说很外行。

吸引我坐下去的是位于小空间里占据中间大片江山的长条

桌，两个坐在桌前读书的中青年，仿佛大学校园里安静的图书馆一角，两个温习功课的理工男。

小书房当时刚开业，我坐下去和老板聊了很久，他并不知大家所喜欢的书，不是所谓装逼的文艺青年，也没有商人过于精明的商业头脑。他做财务多年，但没有长年做财务工作的人特有的刻板和固执。他温文尔雅，坦诚随和。是的，就像他文中所写，他只想提供一个有茶有咖啡有安静空间的读书室给大家。他就这样带着一股的清新的风闯入这个行业，在这样的年龄选择这样的生活，真诚得一无所知，让人不禁为他担忧，也从心底里暗暗佩服。

我们谈了很久，我告诉他我想开书店很多很多年，就在他开店前一个月我还在朋友圈叫喊着，一起开书店吧。说心里话，当时书店里可看的书还没有我家多。我告诉他要怎样做才能经营书店，第一次和初次见面的人讲那么多不知天高地厚的话，现在想想就脸红。

我写了几本想看还没买的书给他，让他帮我进回来。然后是频繁地旅行生活，几乎很少待在武汉，书店快一岁前又去看了看，这时店里的书已经很丰富，店面空间改变了很多，已不像大学图书馆，变成越来越温馨舒服、很有气氛的小书吧了。

同样是买了一些书。下雨了，临走时借了把伞，说好过两天还给他，结果又开启历时半年的长途旅行，这把伞至今还在我家放着。

在路上，通过朋友圈知道他装了投影，某段时间放着张国荣的老片；开始读书会作家讲座，开始业内同行间互动走访；微博新增了号“书店是我的孩子”，这个孩子，长得很健康很阳光。

一晃两年过去了。这两年读了几本民国的书，以及三四个倾心的外国作家的作品。读书越来越精少，喜欢的东西也越来越精少。去过很多地方，旅行让我不再有占有欲，触手可及都是必需品，不再逛街扫街，但回武汉像是报到一样，书店是必要打个招呼的。

就这样，在书店两岁前又去了，买书、订书、聊天，没有还伞。这里已是截然不同的景象，很多80后、90后各自选张小桌，写字看书。书店长成了心中想成的模样，如此令人振奋。

是的，我心中理想的书店就是莎士比亚书店，在巴黎左岸，塞纳河边，可以触摸它的每一个角落，不觉喜悦幸福得叹息。他就莎士比亚书店与我谈了很久，从书店里谈到书店外，他越来越知道自己将来的路，仿佛跋山涉水后，无比辽阔从容笃定。

祝福你，你是这座城市的一盏不起眼的灯，旅人们会在长夜聚首于此，还将迎来你的童年、少年和青年！！！

当时我是在公共汽车上看到她的这条朋友圈，瞬间百感交集，这段话激励我至今。类似这样的读者在书店有很多，我们因书而识，成为挚友，更像亲人，大家真实地在书店里相遇、相处、相知，经常在境自在见面时一句“来啦”离开时一句“明天见”之中，周而复始。每每在书店里看到读者认真看书，特别是流连于书架间，驻足在书架前，一看半天时那种专注的神态，总是极打动人的。

书店里有许多小饰物都是读者送的，一件件都充满着浓浓的书友情，一些彼此陌生的读者在这里变成同路人，有时在外面碰到手里拎着境自在书店手提袋的读者，大家也会相视一笑：原来你也来过这里！

书店里，关于读者的故事是最多的，如果要讲，恐怕几天几夜也讲不完。正是他们一路以来的陪伴、鼓励、支持和宽容，书店才有越来越丰富的模样。所以我一直都说，读者和好书，永远是书店里最美的风景。

境自在书店的主旨是倡导“用生活感悟读书 用读书所得生活”，希望每个人能够将读书作为生活中的一件平常事，通过读书能够通达、明理、解惑、平心，从而更客观地面对和平衡自己的生活，找到生活中各自合宜的位置。这是我们的初心，也是一路走来的落脚点。

书，必然是我们最费心思和精力的。梁文道曾说：“看一个书店好不好，不是看它有什么书，而是看它没有什么书。”的确，书的品质可以体现一家书店的品位与气质，我们始终坚持将读者的喜好和书店的选书理念相结合，始终本着严谨、优质的原则，精心挑选每一本独具气质的好书。我们不希望读者读死书，做书呆子，因此在选书上既不故作高深，也不随波逐流。既要做到图书品类的覆盖面，也要突出书店的品质和态度。从诗歌到散文，从小说到史哲，从传记到艺术，尽量多地扩大书籍涉猎范围，让来到书店的朋友都有可能找到自己心仪的书。因为我们知道，与自己喜欢的书相遇是一件多么美妙的事。书店空间有限，无法贪大求全，我们力争每一本书都有较强的可读性和实用性，决不把书当作摆设和装饰。同时也在不断地学习，真诚倾听每一位读者对好书的推荐建议和意见，实现书店和读者的共同成长。

随着时间的沉淀，书店生活的根也越扎越深。我们连续几年参加了出版行业组织的旨在持续推动全民阅读的全国性书店活动，以及行业交流论坛，也会有相熟的作家和老师到书店来做读书活动，还会定期举办不同类型的读书会。为了将静心读书和分享交流更有效的结合，书店营业面积在2017年下半年扩大了一倍。国内书店同行也经常互相走动，更重要的是有了越来越多认可境自在书店关于读书和生活理念的可爱的读者，为读者提供好书和相关延伸服务，几年来，我们一直坚持为购书读者赠送原创书签、手写寄语、寻找珍稀图书等也越来越丰富的个性服务。现在很多外地读者来武汉寻访书店，都会把境自在作为必不可少的一站，从交流中，我们能感受到大家都把境自在视作一家真正的书店，而不是有书元素的其他店。对此，我感到很欣慰。

现在，大家都在说实体书店复苏了。在书店大有可为的美好前景下，书店又成为一些团体和个人关注的对象，开书店似乎成了新一轮的投资创业热潮。但是，我们也需要冷静地面对现实，真正能自负盈亏的书店（非教辅类）好像并不很多，个中原因还是很值得我们每一位书店人思考的。

书店生活从来都不是四平八稳的，特别是经营的不稳定，如何让书店这个孩子稳定健康的成长是我每天都会反复思考的问题。书店行业的发展规律到底是怎么样的？我们还有哪些不足之处需要完善？如何争取并找到合适的方法去实施，往往最不够用的除了资金，更多的是时间。书店的这种状态，可能完全不像一些人所想象中的读读书、喝喝茶、聊聊天、撸撸猫、晒晒太阳，尽享惬意、舒适、悠闲的时光。书店和其他行业一样，既有着柴米油盐酱醋茶的内容，也充满了酸甜苦辣涩麻咸的味道。

书店作为一种经济行业存在，一定是有其内在规律的，是具有经济、文化等多重属性的，书店经营需要兼顾社会效益和经济效益，不可偏废。由于众所周知的原因，实体书店的图书销售受到很大冲击，并且在老百姓的传统消费观念中，图书或阅读类的消费还算不上日常生活的必需。但图书作为一种相对特殊的文化商品，首先需要通过读者阅读来体现其价值，实体书店完全可以在围绕如何推动读者深入阅读、系统阅读的方面做更多文章，通过科学的经营办法和手段（注意：不是免费，这是书店与图书馆的本质区别）来提升读者与好书、与好书店的交流频率，从而更好地体现书店的文化属性，同时保持正常的经营状态，不至于使书店时而美好地存在，时而悲情地消失。

我们与很多读者交流过，他们希望一家真正的书店是什么样子的？更多人的回答是：一书一桌一茶，足矣。这说明，书店与读者的本质联系应该更多体现在优质的图书、安静的阅读环境、简洁的阅读伴侣和适当的读书分享上，然后将读书感悟融入我们的日常生活中，从而更懂生活，更通达地生活。我想，这些是否更应该成为书店的核心呢？一家不能以好书和读者为核心元素的书店不能算作真正的书店。一家书店，如果缺乏足够的核心品质（产品和服务）和自我造血功能，即使再有情怀，也是不可能长久的。

一些书店出于经营战略及行业现状等多种考虑，销售许多副产品，或者在外观颜值上进行过度设计，在一定程度上可能会较快地吸引人们的关注度，从而带动后续消费。但如果把控不得当，可能会削弱书店的核心价值。我们越来越觉得书必须始终是书店的灵魂；用心、专注是书店的温度；坚持以书为核心，始终联结读者与好书，才是书店应有的态度。书店可以多种多样，但不能本末倒置，更不能名不符实。我个人更希望书店像生活中的一碗“热干面”，好吃、实在，虽不奢华，却是平日里不可或缺的食粮，使每位读者都有足够的能力和机会，更加方便地接触到书店、接触到好书。我们把自己对读书、生活的感悟和思考，转化为每一天实实在在的行动，传递给每一位热爱生活的朋友。生活也让我们越来越笃定，虽然会有酸苦辣，但更会苦尽甘来。

将书店作为安身立命的“饭碗”，还真得好好动动脑筋。开书店和开餐馆等各类实业都是一样的，必须依靠丰富的产品、持久的品质，才有可能实现正常的经营成果，而不是仅仅靠所谓的情怀、梦想就能鱼和熊掌兼而得之。不管是什么形式的书店，只要始终紧紧围绕优质图书，持续提供满足读者需求的商品及服务，就一定能够大有可为。我们也希望能摸索到适合自身的经营规律，与读者共同成长，健康发展。

书，承载着文字、故事和情感，蕴含着独特的生命力，指缝中的书页，隐约浮动的书香，让我们从字里行间感受作者的喜怒哀乐，体会故事的跌宕起伏，领略想象的天马行空。

书店，是所有这些文字、故事、情感安放的住所，流动的驿站。我们在书店找到喜欢的文字、钟情的故事，带它们回家，捧读回味，至此，这些书才算完成了它们在世间的一次旅程。

城市，每天都在上演着一幕幕寻常的生活旅程，包容着发生的所有的悲欢离合。书店也随之起起落落、消失重生，见证和融入城市每一次的发展变迁。幸福都是奋斗出来的，再热气腾腾的生活也要充充实实地过好每一个平平淡淡的日子。

读书就是品生活、过日子。蓦然回首，境自在诞生的这 1400 多个日日夜夜，一路走来，每一步都很艰难，每一步都很缓慢，但每一步都留下了难忘的印记。有过焦虑、有过彷徨，有过欢笑，有过眼泪，还好小境这丫头在大家的呵护下一直在稳稳地成长着。

不由再次想起董桥先生的话："书店再小还是书店，是网络时代的一座风雨长亭，凝望疲敝的人文古道，难舍劫后的万卷斜阳。"我们就是要做一家有灵魂、有温度、有态度的书店！

境自在書店 ®
since 2014

2014 年 4 月 25 日开业

湖北省武汉市江汉区解放大道 557 号中山广场写字楼 1925 室

21

独立书店的独特之处

刘二囍
广州 1200bookshop 创始人

很多人曾对我说：“你一个长得像混夜店的人，怎么就开了一间书店呢？”貌似这是一件不合理的事情。事实上，我开的书店就是一间夜店。在我看来，那些所谓的夜店只算半个夜店，因为它们在半夜就停止营业了，而我们的店是通宵营业，24 小时不打烊的。

这间夜店就是 2014 年 7 月 12 号，在广州开业的不打烊书店——1200bookshop。

30 岁之前，我从来没有想过自己会被标注上“书店”这个标签。在华南理工大学读书时，我读的是建筑系，毕业后就进入了设计院。可总觉得自己的设计水准一般，比起很多同班同学弱很多，我觉得我可以成为合格的建筑师，但不会成为优秀的建筑大师。几经挣扎，工作三年后，我放弃了画图，就在正佳旁边的六运小区开了间咖啡馆，其实是小酒吧，营业额主要靠晚上卖酒，收益不错，很快月收入赶上了在设计院画图。于是一年内又开了第二间店。

就这样，每天白天喝喝茶、看看书，晚上聊聊天、喝喝酒，日子非常安逸，基本算是过上了春暖花开、面朝大海的生活。我们都很向往如此惬意的生活，可是如果让你面朝大海一年，你就会疯掉的。就像生于忧患、死于安乐一样，我觉得如果一直这样下去我也会死掉的。于是，我要寻求改变。

那时候，台湾刚对大陆开放留学，我就申请了去台湾读书。读书期间，我逃课两个月，绕着台湾的海岸线走了一圈，一共走了 1200 公里，这也是 1200bookshop 名字的来源。

我是个不安分的人，之前的这些年接触了很多领域，但好像所有的经历并没有浪费，恰恰是它们汇集在一起才能支撑着我去开书店。做设计、出书、开咖啡馆、去台湾读书，以及徒步环岛，缺少任何一段经历，都不会有现在这种形态的书店。说了一圈，我们重新回到书店的这个主题上来。

在我开办书店后，被问得频率最高的问题是你为什么要开不打烊书店。最开始我还会一本正经地长篇累牍地回答，后来觉得三个字就可以解决，因为“睡不着”啊，这样半夜就可以“勾引”很多人跟我一起不睡觉了。

第二个高频问题是，什么样的书店才是独立书店？这才是要重点聊一聊的，不过我的回答是“不知道”。人们会把大部分民营书店称为独立书店，区别于体制内的书店，事实上，并没有一个严格的定义。谈论独立书店时，很多人在意的可能是独立，不过在我看来，却是独特性。一些书店正是靠其独特性深深吸引了我。

我觉得一间书店如同一个人，一个有个性、有特点的人才更能引燃我的好感。一个如白开水般索然无味的人往往不会让人注意的。

自从踏入书店这个行业，我接触了很多独立书店，他们的独特之处让我马上就喜欢上了他们。请先允许我分享一下，这些独立书店的独特之处。

在昆明，有间麦田书店，连10平方米都没有，你完全想象不到一个如此之小的书店，竟然成为这个城市首屈一指的文化地标。这间小书店没有收银台，甚至没有图书管理系统，全部的事宜都是店主自己操办。店主是一位鼓手，一个性格鲜明的人，书店是他的生活空间，也是他的书房、会客厅和游乐场。麦田书店成了店主生活的诠释。坚守书店，坚持音乐，坚持只卖自己喜欢的书，店主的个性也成为书店为人乐道的独特之处。在个人魅力下，各种文人雅士汇聚于此，小小的麦田书店成了昆明的一个旅行景点，一个文化据点。

在台湾，有一间小书店叫有河 book，就在台北的淡水河边的二楼，隔着落地玻璃墙即可见淡水与远山。这是我在台湾出版第一本书后，做第一场签售的书店，也是我非常喜欢的一个书店。店主是 对大妇，其中 个是诗人，丁是书店也便成为台湾文人，尤其诗人高频出没的地方。店主请一些朋友和来参加分享会的嘉宾在玻璃墙上写诗，诗和眼前的淡水与远山，都成了书店的风景。后来，这些诗汇编成《玻璃诗集》，虽然是公开出版发行，但是只有在这间书店才可以买到。

从全世界范围来看，独立书店的楷模是巴黎的莎士比亚书店。这间位于塞纳河畔经历大半个世纪之久的书店，成为很多人法国之行的必经之地。撇开海明威、乔伊斯这些文坛大咖与其密切相关外，书店内设置了很多床铺，供一些文学青年免费甚至长期住宿，书店成为店主惠特曼的乌托邦，书店变成了一个精神圣地。

接下来，聊聊我去得最多的也是最熟悉的书店，那就是1200bookshop了。

在很多书店从业者面前，我只是新手和晚辈。1200bookshop成立距今，不过两年有余，没有料到成为那么多人关注和喜爱的地方。我想，一定是因为书店自身的独特之处吸引了大家。我有信心地说，1200bookshop是一家有很多独特之处的书店。

那么，1200bookshop究竟有哪些独特之处，又和一般书店有哪些不一样的地方呢？

24小时不打烊

首先，我们是一间24小时书店。开办24小时书店，跟我在台湾两年的生活经验相关，去过台湾的人都能感受到台湾是个文化氛围很浓郁的地方。在台北，除了诚品和金石堂这种大型连锁书店外，还有着许多大大小小的独立书店，让人羡慕。

常规的书店通常是人文的表达，但是当开启不打烊模式后，我希望我们可以做到不止人文更要人情，希望夜间可以为无处可去的人提供一个容身之处，为一个城市输送些温情。在深夜的书店，你可以看到形形色色的人，有推着行李箱等待第二天一早去机场的，有刚来这个城市找工作暂时没有安定下来的，有失眠的失恋的抑郁的，有听完演唱会错过末班车的，还有离家出走的小朋友……

有两个小孩子，从书店刚开业他们就睡进来了，在此之前他们是睡在麦当劳之类的地方。很多人质疑我为何不把他们送回家，或者为什么不报警。我想可能不是每一个孩子都有一双疼爱自己的爸妈，就像不是每一个人都在晚上睡觉一样。他们嘴巴很甜，情商非常高，在书店的半年，我们相处很融洽，白天他们去外面逛，晚上回到书店看看书，然后躺在沙发上睡觉。书店里的很多客人也成为他们的朋友，陪他们玩，请他们吃饭。很多次早上，我见到他们正在睡觉时，就有女生把早餐买好放在沙发前的桌子上，我自己都没有这样的待遇。很多人以为这两个小孩是我们店员的弟弟妹妹，甚至有人以为是我的儿子。我于是当起了半个奶爸，监督他们要刷牙洗脚，督促他们要在中午十二点之前起床，让他们少玩游戏多看书。这样的状态持续到了冬天，由于天气变冷，男孩只有一条短裤。于是，我在朋友圈为他们募集旧衣服，结果引来了很多媒体的不同发声，最终在媒体的帮助下，他们被遣返回了贵州乡下。

免费收留沙发客

我们被 CNN 评为全球最酷书店之一，其中一个重要的原因是书店可以免费收留沙发客。我在书店内设置了一个小房间，里面放了一张床，可以申请提前入住。

还是在 2013 年的下半年，我用了两个月的时间绕着台湾走了一圈，一共走了 1200 公里，这也是 1200bookshop 名字的起源。一路上，我作为一个“流浪色彩”的背包客，居无定所，每天晚上都不知会睡在哪里。但是很多时候，我都会被当地的热心民众收留，住进他们家里，当我遇到教会或者小学校，敲门进去，也会被收留，甚至还有免费的晚餐和早餐。这些听上去就觉得特别温暖的事情，当真正发生在自己身上时，感受会更加强烈，它击中了我内心最柔软的部分，我想要把这些复制出去。

那时我就想过，如果我开一间24小时书店，我一定要让它可以收留背包客，让囊中羞涩且满怀热血闯天下的人，路过广州时，有个容身之处。在我们书店的房间内，有穷游中国的大学生，有趁着寒假从北方一路南下准备骑单车环海南岛的年轻人，也有环游世界的外国人……看到他们在留言墙上写下的话，我就想到当初的那个自己，也庆幸自己做出这样一个正确的决定。

深夜故事分享

书店第一场分享会，主讲人是一个从东北一路徒步加搭车走到广州的年轻人，在出发第82天后住进了我们的沙发客房间。我请他出去吃饭，他和我描述一路上的见闻。我突发奇想地说，干脆今晚我们就召集一群人一起在书店聊一聊好了。于是，就有了第一场深夜故事分享会。我发现大家都挺乐意听，有兴趣听，就尝试着继续做下去。没想到，截至目前，已经做了100多场。起初，我担心夜间没有人，后来发现晚上不睡觉的人真多，以致周末的半夜，楼梯间的台阶上都坐着人，这让我们更有信心在夜间办活动。

我们的深夜故事分享会通常在周六晚上的12点开始，不知道你是否有兴趣去听听深夜故事？试想象一下，在这个城市的深夜两点，上百人挤满书店，听一个人讲故事，甚至讲到天亮，然后一群人结伴去看日出……在半夜做分享会，这在全世界恐怕都是罕有的。从这点来说，我觉得 1200bookshop 真的是全世界最酷的书店。

我们的分享会嘉宾跟常规书店不同，我们请的都是有意思的有趣的最接地气的人，他们有街头、地铁口的驻唱歌手，有开客栈、开餐馆的老板，有去肯尼亚的义工，有穷游中国的学生，有创业的年轻人，有灾后的志愿者……这些人距离我们并不远，就是我们身边的人，不用仰望，触手可及，从他们身上，我们除了可以看到人生的多样性，也可以看到自己的可能性和潜能力。

免费阅读区

小时候去书店，没有钱，就一直站在书店看书，太累了，想要坐在地上，或者靠在书柜上，都会被店员阻止，这样的体验让我觉得很糟糕。对我来说，书店应该是一个温和的包容的地方，所以我希望自己办的书店可以是另一种模样。

在开 1200bookshop 的时候，我设计了一个免费的阅读区，不仅有椅子，还配有桌子，在这里，你可以翻阅书店里任何一本书，体验免费而又体面的阅读。我们还在书店提供免费的柠檬水，无论消费不消费，都可以自己倒来喝。这个想法最初是因为我在环台湾岛的路上，在沿途的一些庙口，都能看到“奉茶”，“奉茶”是传统文化的一部分——以前交通不发达，“奉茶”为赶路的人提供了很大的方便。而对徒步环岛的我来说，背水是一种很重的负担，所以每次看到奉茶，我都会由衷地开心和兴奋，因为它帮我解决了最重要也最实际的需要。我曾经想将这种方便放在书店门口，立个牌子写着“奉茶”，但因为城市管理的原因，很难实现，我只好放到店内，用免费柠檬水的形式代替。哪怕只是路过，路人都可以来书店里倒上一杯水，消消暑，然后再离开。

人在书店

我曾经非常渴望在路上的状态，去不同的地方，见不同的人，听不同的故事，这是行走江湖的感觉。当我开了书店以后，我觉得书店也是一个江湖，这里每天人来人往，坐在这里，可以遇见不同的人和事，我想把这些故事记录下来。

不知道你是否了解《人在纽约》这个摄影栏目，一个在纽约的年轻人，用相机记录城市里的普通人，通过他们可以看到一个多元的城市以及每个人背后不同的世界，我深受感触。

开店后，人来人往的书店成了个微缩江湖，我每天拿着相机随机跟往来的客人聊天，并从聊天内容中抽出一个故事、一段话、一个句子，配上照片，通过微信平台发送出去。这些普通人的平凡故事让我们看到了不同的世界，他们是我们通向另外一个世界的窗口，有时候，他们也是一面镜子，从中我们看到自己。

他们的故事就是书店的故事，书店的故事就是城市的故事，记录他们就是记录一个城市，一个时代。如今，我们已经拍了近1200多人。

这些都是我们一直坚持做的小事情，一件又一件看似无聊且没有意义的事情。当我们拍到第1000个人时，这些人与事被整理成《人在书店》这本书，它得到很多人的喜爱与称赞，一件无趣的事情已经被我们做出了意义。我期待着第10 000个人甚至第100 000个人，那时，它将成为一件大事情，一件特别有意义的事情。

听障店员

有一天，我在店里采访，坐在我对面的是两个小女孩。坐下来之后才发现，原来她们不会说话，然后我们用笔在纸上完成了交流。她们从深圳来，因为太晚了回不去，然后选择留在书店里。其中一个女孩告诉我，她刚辞职，因为在公司受到不友好的对待。她说如果以后有机会，她也想开一家书店，里面的所有店员都像她一样——只请有听障的店员。她的故事使我深受启发。

弱势群体找工作相对来说有一定的难度，他们的工作通常都是在一些比较消极的工作环境，在咖啡馆或是书店，很少能见到他们的身影。可我恰恰觉得书店是一个适合听障人士工作的地方，这是一个安静的世界，而来书店的顾客都相对有耐心，能够接受用纸笔交流的方式。所以我想，我可以去做这样的一件事情。

其实，在很早以前，我内心就有这样的一粒种子。在台湾，我经常能看到弱势群体频繁地出现在日常生活的场景内。一开始，我以为是台湾弱势群体的比例较高，后来经过调查，我发现大陆的弱势群体比例更高，可能他们因为出门不方便，也没有工作，实现不了自己的社会价值。

记得有一次，我去台湾的一个餐厅吃饭，看到一位视觉上不是那么美好的残障店员，为此我当时心生不快，后来我才知道，这是行政部门的政策导向，鼓励商家和企业雇佣弱势群体，为他们提供工作机会，帮助他们实现自己的社会价值。我觉得这就是差距。

我们决定，在书店里优先招收听障人士作为我们的店员。现在我们每家店里，都有听障女孩做店员，她们的笑容非常富有感染力，即便不能说话，她们也和很多客人成了好朋友。

旧物设计

我有收集旧物的癖好，总觉得经历过时间和岁月冲洗后，沉淀下来的事物，是最有情感和故事的，尤其是木质的东西，它们更好地承载了这样的沉淀。所以，我不停地开店，也不停地收旧物，我觉得这些旧物，总有一天能在新店派上用场，加之我是一个建筑师，有改造这些旧物的能力，所以在每一间 1200bookshop 的设计中，我们都会把这些旧物运用到设计和装修里，这也是为什么 1200bookshop 呈现出一种特别的氛围。

现在快速开启的一些书店，就像珠江新城里一栋栋拔地而起的大楼一样，是新科技、新材料的产物。而我觉得我的书店就像是东山或西关里被改造的一所老房子。你可以留意到，书店内用了很多旧木箱子，它们在很多年以前，是家家户户都必备的东西，可由于时代发展得太快，我们迫不及待地与过去切割，这些东西被废弃了，踪迹渐渐消失，我总觉得既荒谬又可惜，所以我一直收集它们。如今，你可以在书店里看到它们重新拥有了不一样的生命力。

在天河北店入口的两张展台其实是两把木梯，是从老房子里拆下来的，以前是上阁楼的木梯。老房子被拆后，它们就被摆在了路边，被我看到捡了回来，打平横放后，台阶的斜度，刚好适合放书。而大面积的窗户，是我儿时生活场景里触手可及的物件，如今也都消失不见，我把他们保留下来，从一件件废品变成了一个个多种性能的材料。留住了旧物，就留住了时光。

作为一个开书店的人，讲了那么多，却几乎没有谈论书，并非是我避重就轻。在我眼中，它们是和书一样重要的存在，它们恰是 1200bookshop 不同于其他书店的地方，我想这正是人们喜爱 1200bookshop 的原因。我喜欢的每一个独立书店，都有自己的独特之处，这正是它们的魅力所在。

这些独特之处往往跟运营者的秉性和趣味有关，书店往往是店主性情的外在展现。期待世界上可以有更多的独立书店。

1200bookshop

GUANGZHOU

2014 年 7 月 2 日开业

体育东店：广东省广州市天河区体育东路 27 号

天河北店：广东省广州市天河北路 460 号沃凯街首层

中信后街店：广东省广州市天河北路 233 号中信广场 BM 层后街 3 号

正佳 Hi 百货店：广东省广州市天河路 228 号正佳广场四楼 Hi 百货

珠江新城店：广东省广州市天河区海风路珠江新城总站公交站场

旭亚 · 1200 囍仓：广东省广州市天河北路 460 号沃凯街负一层

北京路店：广东省广州市越秀区北京路 168 号仰忠汇 5 楼

22

“留神”江湖

胡俊峰　包头留神书店创始人

“我没有见过神，我只见过低下头的人。”

——《非黑即白的灰》

这是“留神”两个字的出处，源自我30岁之前，对这世界的所有宽容和经验。

留神不只是书店，是江湖

2015年9月18日，内蒙古自治区首家24小时独立书店——留神书店开业。对于这个仅仅有200万人口的准三线城市来说，

选择这个非商圈非学区的地理位置的原因，仅仅是这个地方让我有安全感。为什么选择9月18日开业？因为如果我们不读书，国耻与国难在可见的未来迟早还会重现。

留神很纯粹，只卖书，只卖我喜欢的书。

留神很任性，全部的饮品都是免费的。

留神很羸弱，刚开业时仅仅有1000册图书。

没有豪华的装修，只有刺鼻的油漆味和等着被摩擦的水泥地。仅仅这些，已经花光了我所有的积蓄，以及信用卡刷爆的最高限额。

这个城市里的人不相信阳光，也少有人觉得读书有乐趣，他们更喜欢用酒精延展生活中平淡的事，继而转化到恩怨情仇的高度，花花世界在这个城市没有例外。所以在夜里，你很难遇到一个清醒的人，甚至是早上，酒精的味道都弥漫在晨雾中。

我不喝酒，也从不参加任何意义上的聚会。离开这个城市8年后，回来就选择开了这家24小时书店，确实不是明智之举。不难想象，在接下来的夜里，会经历怎样的遭遇；不难想象，当朋友们得知我开了一家书店后的表情与叹息。确实，在开业的前三个月里，我几乎是一整天都很难和一个清醒的人说上一句话。那时大家还不知道留神，那时我也尚未找到这个城市里的读书人。

那个时候，我觉得做书店，就在水泥地上种草，一句话都说不出来的感觉。

每天夜里，都会有数不清的流浪猫狗破门而入，我和它们共处，把不敢对人讲的话，用眼神和抚摸表达给他们。

生存，是个问题。我要活下去，留神必须活下去。某天夜里，我做了一个现在看来并不光彩的决定，它也成了留神的“污点”。

在此之后的 9 个月里，留神天天爆满，烟雾缭绕。这是一段充满黑桃 A 的灰色岁月。既是江湖，也就不问出处了。直到今天，我也不介意和谁提起，那时我做的傻事。在那之后的 9 月里，我完成的图书积累、会员制度，以及留神应有的所有规则的建立。

到某天的清晨，当我又一次从公安局走出来的时候，留神有了新的起点。从那时起，留神的江湖气也愈加模糊。

在整个过程中，我收到了无数的安慰与怜悯。通过媒体曝光度的不断增加，我试着去参加这个城市所有的播音栏目、电视节目、读书会，说着几乎同样的话。试图被大家理解留神的现状与无奈，其实也是在为自己的选择徒劳地辩解着。越来越多的人知道了留神，大部分的客人一边忍受着刺鼻的烟味，一边拿走一本或是几本书匆匆离去，留下一句话："小伙子，坚持住……"

其实，做书店，不需要被安慰。在留神书店开业的第一年里，"留神不只是书店，是江湖！"这句广告语，这个城市的所有人几乎都听到过。

我找不到别的生存方式，只有这样做，才能活下去。这个行业，似乎没有同等条件可参照的前辈与典范。抛开背后的不可言说的秘密，一间独立书店想要体面地活下去，我曾一度怀疑这是件不可能的事。

黑格尔说：你可以把黑暗中的一棵树当作人。但你一旦看清他是一棵树，就没办法再把他当作一个人了。

留神开业后的第一年，我就是那颗黑暗里的大树，被太多人看到，被太多人误以为我是个人。实在不愿意说，"人在江湖身不由己"这样的话。可在生存面前，似乎一切也都在问题里。当我还在思量如何让大家理解的时候，被忽略显得尤为重要。

嗯，没错。未来决定现在。

人间一年　留神一天

> 贱命历经风雨一杯苦酒醉春夏秋冬
> 残情饱尝心酸两行热泪痛生离死别
>
> ——喜儿《从未这样矜持过》

“漂白”的留神真的活了下来，这种以命换命的做事方式，是幼稚在成年后的变异。

我几乎是24小时待在店里，一日一餐，两日一眠。这一年，我亲手埋葬了三只因为过马路不慎被车碾压的流浪猫。这一年，在全年雨最大的那一天，留神收养了一只被遗弃的流浪狗“极乐”。

在这个读书从来没有流行过的城市里，读书这件“怪事”，因为留神书店的存在被越来越多的人围观并参与。除了留神掌柜的角色，我没有属于自己的生活，更没有想象出你们以为开一间书店会有的自由与清澈。每天，我要抽很多很多的烟，喝数杯涩到反胃的浓茶、咖啡、可乐……碎片式的睡觉，为了清醒只吃极少的东西；每天，睡在一张塑料折叠床上，只有这样才能保证，随时醒来面对每一个破门而入的客人。

我深知，这样的经营方式不值得提倡，也很难长久。我深知，我是在用我的生命给留神续命。这也许是唯一的办法。

放下书店经营本身不说，这种常人无法想象的祭祀般的生存方式换来留神的缓慢生长，留神渐渐被更多的人发现并记住。在大家的口中，我被称之为这个城市睡眠最少的人，我用尽所有的时间和精力海淘每一本好书。在那个信息不对等的年代，凭借一己之力，让所有的新书可以第一时间出现在包头。

只要我喜欢，我会不惜成本。为了这些书能出现在留神，我做尽了自己讨厌的事，替人代笔三流网文，参加各种商业活动……在那似有光似无光的刹那，我答应了自己，我背叛了自己。留神书店还活着，那盏灯还亮着。

我自问自答，这世上有没有一块糖是苦的？做书店就是一块苦糖吧。又或者糖，本身就是苦的吧，只是你不知道什么是甜罢了。

在背叛自我的代价下，第二年的留神被更多的人知道，甚至有人走几百公里只为到这个城市看看留神，这对我来说很欣慰。读书读到天亮的人越来越多，有时这个简陋的地方，甚至没有空位置。留神也创新性地提供了诸如“定制书单”“书店全方位导购”“留神夜读”等活动。

留神的纯粹没有妥协。我收养了越来越多的流浪猫狗，除去身体上的摧残之外，我的灵魂已经舒展了许多。

那一年，广西师范大学出版社发起的“820 加油！书店”的活动，当日留神接待了来自全国各地的 400 多位客人。对于一个仅有 70 平方米的书店来说，生存之后的问题逐渐凸显。超过 5000 种的 40000 册精选图书及库存的背后，是所有独立书店需要面对的资金链问题……

“人间一年，留神一天”是留神书店 2016 年的宣传语，见过了时间的白发，返照的红颜，执着的羞涩，面无表情的躁动，才成就了今天无能为力的故事，人间一年，留神一天，意为我对问题的逃避。想想，此后就算我倒在了夜里，那也是一束蛮横的光。我不是害怕，仅仅是因为很多事来不及去做。

我觉得我需要的是一场胜利，而不是侥幸的烟花、怜悯的数字或推开门之后的那种惊喜。

留神希命

悲观，是一种远见。

——木心

2017年秋天，伴随着留神订单的增加，我生了一场怪病。浑身上下的水泡，奇痒难忍。医生诊断为全身免疫力低下所致。我需要更多的睡眠，更规律的餐食。整整三个月，我每天需要处理伤口的时间就超过了四个小时。离开我的留神，左右摇摆。生病的日子，看着留神出现了诸多问题，心有余而力不足。我再也不能24小时接待客人，甚至连我的记忆力也减退了，我逐渐记不住了书店图书摆放的位置……

想想三年来走过的路，也算对得起当初做书店的执念。过隙天地之间，深知人生的可能少之又少，索性就从任性到极致，冉从极致到灯枯。三年过去了，留神书店的生存短时间以内不是问题，每天都会有更多的人到来，代价……可能是我的这条命。

留神一点点地腐蚀掉我曾经骄傲的想象力与生活的能力，我与书店不可避免生长在了一起。我像是一本书，留神书店更像是原地不动会说话的我。慢慢地我发现，我变得不再是自我，变得再也不能用自己喜欢的方式反抗，变得记忆力越来越差，不再执念于往事。

当我意识到这些改变的时候，对于一个曾经在水上书写生命的人来说，这一切已经不仅仅是青春结束那么痛快了。我有些担忧，发觉自己已经有了白发，发觉自己对着天亮有些害怕……

我开始尝试着调整作息时间，尽量按时睡觉、吃饭，重塑生活。可是一切并没有好转，反而让我有了另一种不安。好似就像要命运低头，却又生疼地僵硬在那里，可怜又可恨地不值得被人多看一眼。想想在这三年里，做留神掌柜的时间，所经历的每一件事，迎来的每一只流浪猫狗，鞠躬送走的每一个客人，与三年前，深夜驻足在这条马路上决定开一间书店的那个少年，并肩无言。现在，我拒绝自己有任何新的念头，有的只是在夜深人静的时候想想生命的另一种可能。

“拿起纸笔，给他一个不一样的人生，他也理应有一个不一样的人生。某天清晨，不再是他等天亮，而是天亮等着他。当他醒来时，身边也会有那么一个人，一起看云卷云舒，笑岁月匆匆。没有神，只有低下头的人。”

想象终归是想象，就像那么多人对书店、咖啡店的想象一样缥缈。

2018 年，“留神希命”，是留神书店的宣传语。

痛痒直到今天还折磨着我，我不知道何时才能痊愈。我并不贪生，可是怕死，还有那么多的事未完成。留神也仅仅是刚刚活了下来。我希望自己能活更久，我希望留神能活更久，这不仅仅需要的是努力，有时候真的要仰仗天意。

就像是留神书店里，贴着的那句缪言："禁止，总代表着有人可以。"

2018 年我 31 岁了，留神书店三岁了。

动荡十年，平稳着陆，30 岁就这样过去了。承蒙天意，此间少年，十年来妥协寥寥。生以听命，留以神性，未曾因生活停梦。愿，记得少点，忘记多点，时间慢点，走得快点，不疼不痒地蒙混到下一个十年。这世界不想让我做个好人，可我，还想试试。

留神，我还爱你。可我已经一点都不喜欢你了。

不过，作为已经活下来的书店，你会是我一生的骄傲。

至于未来……我没有什么想说的。书本里，也从未有过诚实的答案。

2015 年 9 月 18 日开业

内蒙古自治区包头市昆都仑区前进道与林荫路交叉口东 50 米路北

23 坚持，于是坚持到底

贺　超　北京中骨义·悦读创始人

想到要写自己和书店，就想到一直生活的北京，以及对北京书店的印象。

16年前来到北京，住在西单新文化街。晚间漫步到街口，发现一个古色古香的门脸，赫然挂着“三味书屋”的字样，于是就成了常客。那家书店不大，但在长安街寸土寸金的地方，绝对是个异数。

走进书店，更感受到一种老旧的传统书店的味道。后来邂逅书店的主人，更是一位爱书之人，那气质与书香天然吻合。那时候，每逢周末的时间，我都会光顾。

十几年来，和书店的缘分越来越深，更多是因为职业需求。作为读书节目主持人，不逛书店，就像厨子不逛菜市场，时尚大师不参加时尚周。因而，书店生活是我职业生涯中极其重要的一部分，也因为我身边的书店的存在，让我在北京的十年漂泊生活，有了那么多的难忘和精彩。

沿着三味书屋往东北方向走一点儿，就是北京图书大厦。在北京图书大厦一层东厅，我主持过多少次新书发布的活动，认识了更多的作者和主办机构，也结识了不少新朋友。后来搬到东边住，三味书屋去的次数很少了，但是东边的光合作用、单向街书店，成了我经常光顾的地方。和这两家书店气质最像最奢侈的应该算是已经关张的当年位于东单的“思考乐书局”，结合了传统书店之大和如今独立书店之个性，给读者的阅读体验是更多尊重，给书店营造的气氛是更多“书韵”，没想到时运不济，没做多久就因为运营问题关门了。

十年来，我的脚步跟着各家出版社、文化机构的新书发布会、文化沙龙，停驻过西边的万圣书店，早期的风入松、国林风；停驻在涵芬楼、雨枫书馆、三联韬奋书店；停驻中关村图书大厦、亚运村图书大厦、王府井图书大厦、百万庄图书大厦；停驻过字里行间书店、彼岸书店、读易洞、库布里克书店、蜜蜂书店、时尚廊书店，以及蒲蒲兰绘本馆，等等。

一座城市，因为有了书店，让爱书的人有了精神归宿，让不爱书的人有了附庸风雅的机会。尽管这几年书店的运营举步维艰，但还是能看到那么多书店从业者做着最努力的坚守。

漫步书店，和一本本陌生的书擦肩而过，你会有一种精神压迫感。这一辈子，怎么才能看完这么多书？我清晰记得早年在陕西，第一次走进西安南郊一家叫作“汉唐书店”的感受。

那时候刚参加工作，大量买书阅读。我在的那座城市都是小书店，书店里长方形的布局，站在门口一眼看去无限延长，那场景像极了《黑客帝国》中里欧站在两排挂在武器的架子中间的场面，整个人有一种压迫感，心里就一个反应：妈呀，这么多书，啥时候才能看完呀！

除了精神压迫感，当然还有不期而遇的阅读之乐。不经意翻开了一本书，或者几经查询找到了一本心仪的书，捧卷狂读，一气呵成，那种畅快淋漓简直让人着迷。书，因为有了书店的存储而有了味道；书店，因为有了爱书人的流连忘返而兴荣迷人。

十几年来，书店的变化是如此巨大。早年的新华书店里，父亲领着我隔着玻璃柜台买书；后来的书店里，可以零距离触摸，翻阅自己买不起的书；到今天，书店以书吧的形态存在，更多地融入了读者身心的需求，可以常坐，可以慢饮，可以交流，可以听音乐，还可以独享环境优雅的物我忘我。

2010 年，去台湾专程拜访了著名的诚品书店，惊讶于其以人文、艺术、创意和生活为宗旨打造的充满活力的书香意蕴。之后的四年，眼见着在北京，我们身边的独立书店越来越多，每一家都呈现出自己独有的气质。而这些气质，在读书人的眼中是被自然解码的。每家书店，都在漫长的独活中，迸发出独特的内在魅力，或学术，或文艺，或时尚，或个性，自然也给了人们更多理由漫步其间，修身养性。

12 年前，我写过一组关于北京书店的稿子。那时把豪门这词给了北京图书大厦，把隐者给了王府井书店，把知性给了中关村图书大厦，把复古给了三味书屋。现在网上还可以搜到，更多网友们给各家书店的标签。比如文艺的字里行间，艺术的库布里克，独立的单向街，前卫的时尚廊，等等。

近 5 年间，书店的内涵也发生了巨大的变化。从早期的单一的销售书籍，到如今成为一个区域的文化平台。书店自发的阅读活动，引进的各种沙龙活动，还有读书人自发的各种民间阅读活动，都在告诉我们，我们无法离开书店的陪伴，我们需要书店。正如 2014 年三联书店 24 小时营业带来的狂热所展示的，一座城市因为书店的沸腾而多了那么点温润的气息。这座钢筋水泥的丛林里，除了有大片公益绿地的自然润泽，还有大小不一的各类书店安静而真诚地柔软着人们忙碌疲惫的心灵，让生活在字里行间的跳跃中，回归原点，重新开始。

诚品书店的创始人在一次采访中说：诚品在商业经营上备受批判，但我希望一本书、一句格言、一首名曲、一个新的思想剖面、一件艺术创作品、一栋感人的建筑与空间，都能产生一份灵动力，丰富大家的精神与心灵。这就是书店的存在价值所在。

因为喜欢读书，喜欢逛书店，所以想做一家书店就成了我多年的梦想。但相对于开一家书店和开一家餐馆，后者更让人们理解，前者是赔钱的玩意，靠情怀；后者是挣钱的玩意，靠勤奋。进京十多年，因为之前在电视台主持多年的美食类节目，对于餐饮的门道一清二楚，所以梦想就是在城市的一隅温暖的灯光下舒适的空间里宴请好友和陌生人吃自己研发的私房菜，只是这个想法一去十几年，最终却做了北京最大的社区书店。

很多事情或许就是冥冥中的注定，从小到大，读书是我很重要的成长陪伴，或许是因为父亲爱读书的缘故，小时候的我沉迷于此，所以在辞了工作开始北漂后，在电台我选择了做读书节目，我的梦想是老了以后还可以白发苍苍地主持一档读书节目，多好！不想人到中年，操劳过度白发不见黑发减少，真不知道老了后如何白发苍苍地见人。但我从不后悔有书读的生活，因此也坚定了自己做书店的选择。

2004 年，开始做阅读推广工作后，我的生活节奏越来越快，伴随着对全民阅读的重视，每年的世界读书日成为重头戏，而我的时间往往前半年就被预约满了。及至 2015 年，我已经开始觉得疲倦，那种潮流式的阅读分享让人心累。我开始琢磨，是不是可以不这么东奔西跑，也可以做一点自己想做的可以影响别人的事情？我分析了自己的能力：还有热情，也有资源，更有想法。

鉴于此，在 2015 年 7 月，我选择了做社区书店。后来很多媒体朋友都问过这个问题，为什么是哪个时间？很多事情只有做过了才能有总结。回顾那段时间，对于实体书店一片唱衰，很多书店无奈退场，基本是哀鸿一片。而我在咨询所有人后被评说此时做书店是疯子才干的事的时候，我琢磨否极泰来，或许正是新的机遇，于是坚决地选择了做社区书店。

对于一个没有做过实体的人来说，开一家书店绝不是嘴上说得那么容易，还好是书店，至少选书的难度于我是小了。

2015 年，我和小伙伴一头扎进了 640 平方米的二楼，开始没明没黑地谋划、构想，怎么让书店看着舒服，书店的名字，书店的广告语，社区书店的定位，社区书店的特色，现在回头看，依然觉得自己很难再有那样的时刻——不怕熬夜地全情投入，经常累得腿发软，回家洗脸刷牙后就只有在沙发上“挺尸”的力气，硬是咬着牙走了过来。现在回头再看，真不知道当时是怎么坚持的，只记得心里有一个声音：要做一家自己想要的书店。

经过半年的酝酿之后，书店像一个孩子，慢慢地孕育出了模样，我像一个新生儿的父亲，期待着孩子呱呱坠地，当你全力以赴做了自己的想做的所有事情后，剩下的就听天由命吧。

2016年元旦，开始试运营，当第一个读者走进书店的时候，我的心跳到了嗓子眼："她会怎么看，怎么评价？"开业当天，我们丰收了第一个会员，她看着书店惊喜地说："天哪，好舒服的书店，太喜欢啦。"我顿时觉得双眼湿润，这是我这辈子第一次做实体。

在筹备书店的过程中，为了节省成本，我养成了捡废品的习惯，小区里废弃的电动车轮胎，被我们洗干净做成装饰品；院子里装修废弃的铁门被我捡回来装饰在墙上；施工的脚手架变成了花架子；包书的纸箱子做成了点餐本……很长一段时间，我看到垃圾堆就眼红。团队的小伙伴们都知道我的风格，于是他们也开始与"垃圾"为伍。有一天刚进店，几个小伙伴高兴地对我说，在楼下捡了一盆别人扔的花——绿萝，虽然绿萝不值钱，但是那花盆值钱啊。其实现在想想，创业之时穷日子穷过，还真得有一点勒紧裤腰带过日子的情怀。

为了实现"所有人的后花园"的想法，我在店里买了上千盆多肉植物，但是架不住不会养，每天都有枯死的；买了许多绿植，常春藤、大绿萝，还种过葫芦、土豆，但都殊途同归——最终死的死、残的残，后来小伙伴们都不敢把"将死"的花放我面前，悄悄藏在角落里，直到被我呼天喊地发现……

不做书店，确实无法发现自己还有婆婆妈妈的一面。刚开业的一年时间里，我学会了修理咖啡机，学习了在批发市场采购可能被读者喜欢的各类小点，学会了货比三家讨价还价，也学会了勤俭节约持家有道。

2016 年 2 月 24 日，正式运营，阎崇年先生应邀出席，分享了自己的社区阅读，分享了自己对于书店的情感，我们迎来了 100 多位读者。接下来的日子就是在不断地折腾中度过，我们策划各类活动，那些以前我想做的但是没有场地做的各种活动，在 640 平方米的空间落地，我们迎来一波又一波的读者，也收获了各种意见和建议。那一刻，对于我之前走进某一家书店的信口雌黄、随意点评开始心存歉意，真的是不当家不知道柴米贵啊。

往后的日子更加辛苦，想做好一家书店，开门、开业、开张大吉，只是万里长征第一步。我们开始学习如何选品，如何做自己的文创，如何做好特色咖啡，如何把一场场活动做到读者满意、市场认可。尤其是我们深入社区腹地，面对的是普通消费者，没有什么消费欲望的读者，我们更得想办法让书店活下去，不断地做人做强。

2016 年到 2018 年，持续三年的强行军，我把以往浮在天上的阅读推广真正地垂直落地，扎根在土里，延伸到社区居民的日常生活中。越是如此，我越发感觉到书店在这个时代的全新气质，成为一个全新的文化交互平台，一个共享平台，一个社区文化的交流空间。如此书店已经不是简简单单的书店，而是一个立体的能理性也能感性的世界，以书为媒，各种资源交汇融合，满足不同人的不同精神渴望，也改变了不同人群的生活方式。

短短三年时间，我们在社区里打造了《社区故事会》《社区生活汇》《社区公开课》《甲骨文书场》，以及共享阅读项目“沐沐”等一系列品牌，也和相关合作机构打造了国学进社区、艺术进社区、书香·家春秋等项目，这些项目在甲骨文·悦读孵化成功后，又输出到了西城区的其他街道社区，影响了更多人群。

做书店之后，我更加关注新开张的书店的特色，更加喜欢逛商场看各家的展陈风格，更加喜欢看各类产品展和艺术展，处处蕴含着无穷的灵感。

反思20多年的阅读推广生涯，冥冥中似乎决定了我为做自己喜欢的书店整整成长了20年，这样的锻炼慢慢积累沉淀，当我站在一个新的空间时，我的脑海瞬间就会出现一个书店的宏观模样，各种细节、特色全景浮现，对，那就是我的书店、我的梦想和我的与众不同。

周末，在自己的书店里，修修花，逗逗书店代言人——一只可爱的叫作嘟嘟的虎皮鹦鹉；整理书籍，约会朋友，喝杯自己亲手调制的咖啡；看着书店里三三两两闲坐看书的读者，时光悄然流逝，物我两忘，我想这就是一个喜欢读书的人最幸福的事。

甲骨文·悦读

书BOOK·礼品GIFT·咖啡COFFEE·餐点MEAL

2016年2月24日开业

甲骨文·悦读空间：北京市西城区下斜街1号院三晋宾馆院内东楼二层

甲骨文悦读·绽放：北京市西城区阜外大街甲40号院底商

甲骨文悦读·椿树书苑：北京市西城区骡马市大街9号

24

年轻的 21h 书店

李永恒
珠海 21h 书店创始人

21h 书店的出处是我非常喜欢的一位历史学家傅斯年先生曾经说过的一句话："一天只有 21 个小时，剩下的 3 小时是用来沉思的。"傅斯年去世后，台湾大学行政楼的对面架有一口傅钟，每次上下课的时候都会响 21 声，来纪念这位校长。

关于小小的 21h 书店，故事可以从 2016 年的夏天讲起。那一年我 21 岁，正如王小波在《黄金时代》里面说到的："那一天我 21 岁，在我一生的黄金时代，我有好多奢望。我想爱，想吃，还想在一瞬间变成天上半明半暗的云。后来我才知道，生活就是个缓慢受锤的过程，人一天天老下去，奢望也一天天消失，最后变得像挨了锤的牛一样。我觉得自己会永远生猛下去，什么也锤不了我。”

至今想来，21 岁实在是一件非常美妙的事情，对我来说它甚至有一点点转折的意味，即我深切地意识到了似乎在这一年，我遇到了一些瓶颈，我觉得我应该在 21 岁做一点什么的，以后能有一点可以吹牛的资本吧。

那一年，在我大一的暑假，广东的七月一如既往地闷热，吃完午饭在家里打了个盹后，翻身便去了我家附近仅有的一家不大的书城去看书，其实那时候迷茫得很，根本不知道自己想要做什么，就是去随便翻翻书。

后来，竟然鬼使神差地走到了建筑分类之下，然后一眼便看到了 1200bookshop 的创始人刘二囍师兄写的那本广州独立书店漫游指南——《愿天堂就是书店的模样》。翻着翻着，整个人就被迷住了，整个下午，我就倚在那个书架把这本书一口气地看完了。书里用图片和一些极其温暖的文字，记录了在广州的独立书店以及关于他创设 1200bookshop 的起源。

总的来说，可以认为是这本书开启了我的书店之旅，以及我的书店梦想。那时候的七月，正值广州的南国书香节，于是一方面为了走访广州的独立书店，一方面为了去书展看一看，我几乎是合上书的同时就买了第二天去往广州的车票。

我去过很多次广州，大部分都是去玩，去观光，而这一次，我带着我的那个小小的书店梦想，发现了广州十分可爱的一面。原来广州不仅有近似地标式的高耸入云的小蛮腰，也有坚守着学术阵地的学而优书店；不仅有遍布各地的老牌茶楼，也有秉持人文精神的博尔赫斯书店。用这样的方式和角度去观察，城市好像一下子变得可爱了起来，不再只有无尽的疲惫和人与人之间的虚与委蛇，有的是用真诚换回来的真诚。

跟着广州独立书店的漫游地图，我在广州慢慢探寻那些小小的独立书店，也算是重新认识了书店。在此之前，我去得最多的是我家那个小城里的新华书店，因为那里通常都能够找到我需要的书，那时候我还不知道独立书店是什么，也从没想过自己也会创办一家独立书店。

那时候博尔赫斯书店还在中山大学附近的怡乐路，那时候1200bookshop还没有那么多的分店，那时候我的书店梦想还没生根发芽，那时候一切都好像是那么生机勃勃。

从广州回来以后，可以说我的小书店的梦想开始生根发芽了。其实我一直没有觉得自己做了一件多么厉害的事情，更多的是我在那个时候非常冲动地遵循了自己内心的想法，确实很冲动啊，现在回想起来。

当时决定要开书店的时候，基本没有做什么书店行业的调研，也没有像很多书店老板那样先是工作打拼几年积累一些人脉和启动资金，完全就是凭着一股蛮劲儿就去做了，以致在很多事情上碰了钉子。不过幸运的是，在开书店的这件事情上，有太多的人给了我非常无私的帮助，在这里想要说：谢谢！

那段时间，众筹这个概念可以说是非常火爆，所以也不知道怎么就决定在某众筹平台上发布了自己想要开书店的事情，那时候真的没有想过太多，没有想过会筹集到很多的钱，当然也确实没有能够筹到很多的钱，只是这次众筹也让21h书店在中山大学的一个小圈子里进行了一定的传播，同时我也在这次众筹里面遇到了和我一起筹备的21h的合伙人——田浩伟。

浩伟是青海西宁人，一个标准的汉子，有着棱角非常分明的面孔，以及一副南方人看着觉得非常刚毅的线条。浩伟联系我的那天，我们在学校的咖啡馆里聊了不过三个多小时，但是就在那一天，我们确定了要一起去筹备书店的这件事。

也是很长一段时间之后，我才了解到原来我和浩伟在之前也是有过一些交往的。那是我的大一，他的大二，我去参加了中文系举办的诗歌朗诵比赛，我穿着T恤在台上用粤语朗诵一首我写给一个女孩子的诗时，没有想到台下一个并不会粤语的北方男孩子竟然跟我产生了共鸣。后来也是因为浩伟的帮助，我才顺利进入复赛，也算是了了自己一个小小的心愿，能够站在舞台大胆地坦露我的心声，以及那时候对某个女孩子的念念不忘。

于是，两个人就这样一拍即合，也算是以我们两个人的名义一起去筹备这个书店。说起开书店这件事，其实两个人都是门外汉，关于书店的各类事情，说起来浩伟甚至比我了解得还要清楚。因为浩伟在老家曾参与过一家书店的经营，说到真正要去开自己的书店，两个人其实还是很迷茫的。

但是不畏艰难险阻，两个人乱搞乱搞的，也算是把这个小书店开了起来。我们申请到了各种的证照，同时以自己仅有的一点读书经历以及人生阅历，选定了一些想要进购的书，大多都是我们读过的书，或者是由这些书目衍生出来的另外的书目。

直到今天，书店盈利不盈利、迎接了多少读者、又有多少的读者热爱这个书店，如此的事情，始终不是让我最开心的。我在书店最开心的时刻，就是每个月初少量进购一批新图的日子。因为能够在一个公共空间里分享我们的阅读喜好，才是最让人开心的。

反正不管怎么说，在许多人的帮助下，在两位创始人的跌跌撞撞之下，最初始的 21h 书店诞生了。开书店的前半年其实很难，一开始我们以为只卖书大概就可以了吧，可是后来发现虽然我们选的书是被认可的，但是我们还是没有可以留住读者的硬件设施。

于是在勉力维持了半年以后，在冬歇期的时候，21h 书店进行了小小的改造，跟许多复合式书店一样，增加了一些更加舒适的咖啡座位，我还特地去报了一个咖啡制作培训班。大概是经历了半年的口口相传以及相应改造的原因，21h 书店终于在冬歇期之后实现了第一次月盈亏平衡。

在实现盈亏平衡之后的半年里，我开始真正去思考关于阅读、关于青年、关于公共空间的问题，我慢慢开始去尝试举办一些活动，类似大部分书店都会筹备的读书会、观影会，等等。由于我们书店靠近高校，我们常常邀请学校里的老师到书店来开一些分享会，希望让我们的书店变成一个联系高校、社区和城市的纽带。

真正让 21h 书店进入大众视野的是我们举办的各类青年活动。其中最成功的大概就是承接由荒岛图书馆开源的“72 小时书店”大型阅读公益活动，由北京 706 青年空间开源的“48 小时生活实验室”，后来非常机缘巧合地发现，书店举办过的许多活动也都跟时间有关。

“72 小时书店 @ 珠海”，这一个活动是珠海第一次以阅读为主题的大型活动，引来了诸多媒体的采访报道，于是珠海市民知道了原来珠海还有这么一个独立书店的存在，同时也让 21h 书店走进了书店业内人士的视野里。

“48小时生活实验室”，我认为是21h书店办过的最好的一场活动，除了活动本身质量意料之外的好以外，还让我认识了加盟书店的三位新合伙人。

办各种活动的那些日子，对我来说是很重要的：往小里说，让21h慢慢成为一个真正意义的书店，往大了说，我慢慢理解了很多的东西，许多从前思而不得的问题——关于书店的公共空间应该是什么样的，人与人、人与书应该如何交流，慢慢都有了一个答案。更直接点，就是我知道了自己想要什么，在一定程度上避免了在大学中迷茫地消磨时间。

2017年10月，一个重要的转折点——21h书店迁址。我们重新找到了一个让我们满心欢喜的地方。

整个空间是一个红砖房，屋顶是用木梁和瓦片搭建而成的，我们又将这个稍高的空间隔出一个小小的二层。在新的21h书店门口有一张小小的石板凳，像极了从前在乡下跟外婆聊天坐的那一张石凳，还有一棵高高的龙眼树，期待它仍然能够结籽。

新店迁址之后，一切事务得心应手，很快走上正轨，以前来过书店的读者依然找来，而只听说过书店的人也特意来造访，这真是一件开心的事情。

其实，开书店最开心的事就是和各式各样的人打交道，进了书店大门即是读者。每个人都带着自己的目的来到书店，有来聊天的，有来看书的，有为寻找一本书消磨一个下午的，也有来书店搜刮绝版书的，我们欢迎每一个读者走进21h书店。

不知不觉，21h书店已经开业快两年了。21h书店还有个店宠，一只叫作“龙眼”的猫咪，它是二月初二龙抬头的那一天来到 21h 书店的，因为店门口有一棵很大的龙眼树，所以我们就唤它“龙眼”了。“龙眼”会坐在书店的门口“揽客”。一位约莫三十出头的女士领着个小男孩路过，小孩惊奇地跟妈妈说，这里有猫。一位奶奶推着婴儿车走过来，婴儿车里是一个可爱的小妹妹，两位女士不约而同地停下脚步，站在龙眼树下，看着男孩和猫咪嬉戏……

很多人问过我，毕业之后将会如何“处置” 21h 书店，是继续开下去，还是转让，或者关门大吉？我不知道，因为我从来没有担心过这件事。

我曾经在一本书中看到过这样一句话：“书店与大学是互动的——铁打的营盘流水的兵，永远都有青春热血的年轻人到书店来寻找他们的精神家园。以大学为靠山的书店，也就逐渐成为大学文化中重要的一部分。”

我想也是这样的，我从来不担心在我的母校找不到一位和我一样热爱书店的人，他（她）会将 21h 书店传承下去。很多人都说，我做了一件很多人想做但是不敢去做的事情。所以说啊，当我真的要离开这个校园，离开 21h 书店的时候，我能够为后来的师弟师妹种下一颗书店的种子并且浇了两桶水，不是很好的事情吗？

21h 书店始终是一个非常梦幻的地方，或者说我的梦就在这里成长的。从一开始创设 21h 书店，就没有想过它能赚很多的钱，我更多希望它是一个安放梦想的摇篮，慢慢地找到自我，认识自我，慢慢明白自己适合做什么，有机会接触到一些只能在书架上在封面上看到名字的人，这些才是让我最开心的。

后来听说，我的一位朋友去香格里拉开了一家民宿，有一位朋友正在大理筹备一家书店。珠海另一个高校，有一个学生团队也在筹备他们的校园书店。听到这些消息的时候，真的非常开心，一方面是因为这片热土又将增加新的人文情怀的公共空间了，另一方面还是有点小小的骄傲，自己也算是做了一件有一点点影响力的事情，心里没事偷着乐。

对于我开书店这件事，至今仍然会觉得很梦幻，因为我从来没有想到过，我竟然在二十郎当岁的年纪创办了一家书店，并且给读者、给社会带来了一定的影响。

21h 书店创办时间不久，它的故事也还不是很多，但是我相信 21h 书店一定会慢慢地走下去的，相信 21h 书店能够制造更多温暖的故事，能够让人感觉到这个世界的柔软，以及温和。

21h 书店，从我决定要将它真正创办出来的那一刻开始，这个书店就不再只属于我一个人了，21h 书店属于所有关心它、帮助它、热爱它的人。21h 书店已经接纳和承载了许多，在未来的日子里，将继续前行。

BOOKSTORE

2016 年 11 月 5 日开业

广东省珠海市香洲区唐家湾镇明园路 17 号

25

守望文化流播与交融：从开一家小型独立书店开始

杨信良 杭州吾南书舍创始人

关于书店，有两种现象特别值得玩味。

一种现象，身边有这样一类人，他们对书本这种物体和堆满书本的空间天生有某种亲近感，不一定非要将书作为商品收入囊中，也不一定要将书本作为文化教本一览而尽，只要看到满架缥囊，就能油然而生一种自在惬意。当他们傍晚在小区散步，无意中发现家附近开了一家小书店，选书精当，环境雅致，可以想见此刻他们心中那种无法言表的愉悦快感。当他们到一个陌生城市出差或旅游，在下榻处附近偶然踱进一家店面不大但别有韵致的书店，那种突觉满街脚步停止、只认他乡是故乡的心境，很可能让他们瞬间对这座城市产生别样的好感。

还有一种现象，当一个人告诉身边的人，说他想要开一家书店时，熟识者大多都会直言阻止，或者婉言劝止，不了解的人则大多认为这一定是个不太熟悉现实规则的情怀文艺青年，或者认为一定是个衣食无忧可以小资度日的角色。

鉴于第一种现象，不论分析者如何唱衰实体书店，预言家如何预言纸质书将要消亡，我始终认为实体书店必有其无可替代的价值，将来我也一定会开一家书店。

鉴于第二种现象，当我打定主意要开一家自己的书店时，选择秘而不宣，直到开业那天才公之于众——让大家知道，并不是“想开一家书店”，而是已经“开了一家书店”。

从 2017 年 4 月 13 日吾南书舍开张，到现在已经差不多走过两年。知之非艰，行之维艰。开书店很难，运营书店使之存活更难。回顾吾南一年，记录下这些草创之初的历程和体会，待将来吾南十年时翻看，应别有一番滋味。

一

很早以前，我就想开一家书店。

2015 年，我辞去温州媒体工作，来到杭州谋得一份闲差。闲暇时候经常到杭城各个书店打卡，逛得多了，想开书店的念头越来越迫切。

那就开吧。

2016 年年底，我开始四处寻找合适的店面。市中心人流集中，文化氛围浓郁，是理想选址。但市中心店面租金过高，对于首次开店有些冒进。退而求其次，应当选人文高校集中的城西一带。但当时我住在城东，为节省管理成本，最终选择将新书店落址城东——离自己当时住处较近的一个小区底商。

听过不少书店前辈说，店面租金是书店最大的一笔支出，因此选择落址城东很大程度上也考虑了租金成本的问题。吾南书舍现在所处位置，当时刚租下时整排店面大多处于闲置状态，人们对这一带的商业氛围并不看好。对我来说，该处距离地铁口仅需要步行 5 分钟，只要交通便捷，正可趁这一带商业氛围还未起来之际以较低价格租下，待将来用心经营，不妨自造流量。如今看来，这一设想基本靠谱。

开书店是个系统工程，非一人之力可以完成。考虑到书店将来肯定需要经营咖啡饮品，而这块工作由女孩负责最合适，于是我游说原在杭州一家外贸公司上班的姐姐加盟我的书店事业，并游说原本不会做咖啡的她在短期之内迅速报班学习，速成一名合格的咖啡师。就这样，姐弟两人以合伙人的形式共同朝我们的第一家书店进发。

2016 年 12 月 13 日，我们以尚能承受的租金正式租下店铺。当时，我在原来工作单位尚在职，店铺租下后开始紧锣密鼓地布置一系列事宜，差不多半个月后正式辞职，全身心投入书店筹建。

二

彼时已近年底，如果算上店面设计，整个装修工期可能碰上过年，意味着工人难找，即使找到也将比平常付出更多人力成本。

毕竟首次开店，这是租店铺之前未全盘考量妥当导致的后果。

尽管如此，设计方面，我还是始终坚持要请专业设计师进行设计，即使花费较多时间和资金成本也在所不惜。我始终认为，一家书店给顾客的第一印象还是来自它的整体设计。

吾南书舍的设计师恐龙是我一次逛书店偶然认识的。只见过一面，聊过几句，凭直觉，就毫不犹豫地将吾南书舍的设计交给了他。设计之初，恐龙找我聊过几次，问我想为这家书店贯彻一个怎样的主题，以及我所喜欢的哪些国内外书店的装修风格。

当时我已将书店定名吾南书舍。“吾南”二字取自中国学术思想史上一个典故：北宋名儒杨时《龟山语录》曾记载，他早年拜师二程之一的程颢门下，学成南下，程颢对人称“吾道南矣”，意谓理学思想随杨氏南去而向南方传播。厥后数传至朱子，朱子终于集理学之大成。由此可见“吾道南矣”四字背后的重大学术史内涵。其实早在《毛诗谱》释“周南”“召南”，《后汉书》马融谓郑玄东去，《西溪丛语》引李舟《能大师传》记慧能传道南方，多处文献均已有了类似的表达。所谓“吾道南矣”“吾道东矣”，质言之，均指向文化的流播与交融这一恒久命题。我给书店取名吾南书舍，即希望书店以守望文化流播与交融为己任，借书店这一空间呈现古典与现代、东方与西方、学术与艺术、文学与科学、视觉与听觉、旧范式与新思维等不设畛域的种种文化的互动融合。

为了让恐龙更好地理解我对书店的理念，特地为此撰写过一篇很长的说明给他，让他设计时有的放矢。恐龙根据这些构想，将 150 平方米的狭长形空间大致做了内场和外场的区隔。内场偏中式古典，用木板做出多级台阶布局，场地中央放置三块老石板垒成茶台，四周嵌上白石子，似河中小洲，人可以围坐四周台阶蒲团，颇有魏晋雅集遗风。与之相匹配，内场藏书以传统典籍为主。外场地面铺地砖，两根栋梁柱子间用长木桌连接，供顾客阅读或办公，吧台也设置在外场，因此这块区域同时也是咖啡饮品区。一古典一现代，一简雅一明快，正契合了“守望文化流播与交融”的内在旨趣。

与此同时，我们着重学习参考了日本著名建筑师安藤忠雄为良渚文化艺术中心设计的大屋顶和河北保定新鲜空气书店的装修设计风格，并根据自身独有理念和实际情况加以融合创新。例如，同样是高书架，为了节省用料，增强实用效果，我们没有像大屋顶那样把每一格设计成正方形，而是以比较节省木材和适合摆放的矩形为主。与新鲜空气书店的木条格子装饰风格异曲同工的长条栅栏，也是我们根据自己实际情况进行的创新调整。

从 2016 年 12 月 28 日与恐龙签订设计合同，中间陆续就设计稿进行多番讨论修改，直到 2017 年 2 月 4 日，全套施工图才全部完成。光设计就花去将近 40 天时间，也彻底把店铺免租期用完了，也就是说接下去装修的时间其实已经开始计算房租了。

三

主体设计完成后，就是最琐碎、最复杂的装修施工。单纯为缩短工期、减少麻烦，最简便的方案是找一家装修公司承包书店装修。咨询了几家装修公司后，我们打消了这个念头。还是为了减小前期投入，几经周折请到两位可包揽泥水、水电、木工等所有工种的装修师傅，全程包干，按日计工钱。这样算下来，包括师傅们的吃住，还是比直接找装修公司节省下差不多一半开支。

设计图纸完成时已经是新年的正月初八，两位装修师傅原在广东，还没过完年就急着把他们请到杭州，正月初十正式开工。时值冷冬，两位师傅每天早上六七点起床开工，从早干到晚，个中辛酸可以想见。

在开店之前我毫无装修经验，但情势所迫，必须担负起装修项目经理的角色，负责施工材料的采购，负责设计师与施工师傅之间的信息沟通，负责某些细节从图纸到落实的抉择拍板，一方面许多事情勉为其难，另一方面自身确实也成长不少。装修之初对一切了无所知的我请了一位长期从事装修工作的亲戚带着我熟悉各项流程，大约一周之后，所有项目均由我自己跟进到底。

所幸书店周边两三公里之内有好几家装修建筑材料市场，一应俱全，为整个装修进程提供了极大便利。由于没什么经验，时常是师傅们说缺什么我就临时跑市场买什么。

一开始从节省工期考虑，最佳装修方案是两位师傅在店里施工，家具厂定制书架柜子同步进行，等书架柜子做成，场地也已装修完毕，可直接入场安装。但辗转询问了多家家具厂，对于设计师给出的书架柜子图纸，对方的整体报价都远远超出我们的预算。经过核算，我们决定放弃原始方案，自己去木材市场采购松木原木木板，让两位师傅直接在场地内制作书架和柜子。采取这种方法，意味着又要延长差不多一个月工期，时间成本、租金成本、人力成本都随之增加，但这样的成本增加跟家具厂的整体报价相比还是可以接受的。我们只在不影响品质的情况节省成本，而不会单纯为减小投入置品质于不顾。

很幸运的是，请的这两位师傅不仅全能，还恰好都是木匠出身，对于木工尤其得心应手。经过一个月的努力，做出的整体书架、书桌、柜子、吧台，其品质水平与家具厂的成品相比亦有过之而无不及，着实令人欣喜。

四

经过两个月的装修，2017年4月5日，咖啡机进场安装完毕，吾南书舍第一杯现磨咖啡出品。但此时书店最重要的书尚未进场。

一家书店究竟该有多大码洋库存，业界并没有统一标准。对于我来说，至少要将所有订制出来的书架摆满。在最初想开一家书店的时候，我就已经准备将自己所有的藏书贡献给这家书店。一者是为了节省成本，现成的藏书直接搬入书店，减省极大一笔前期投入。二者这些藏书来自自己十多年的寻找、筛汰、积累，精度极高，绝非短期之内集中采购所能达到，将这批藏书直接贡献书店，可以让书店的图书品类直接达到一定水准。这是两个好处，坏处就是这些书我压根不舍得出售，大多数藏书都是5—10年前的图书品类，市面上存量极少，无法按定价出售，具体售价也无标准可循，不仅不想卖，即使想卖也不知该如何定价；还有一个坏处，大多数的爱书人都懂的，藏书就是自己的珍宝，最怕被人任意取阅，尤其遇到不爱护书籍的人，书主人的心痛是旁人难以感同身受的。将所有藏书摆放在书店里，书店是公共空间，虽然可以制定爱护书籍的规定和提示，但还是无法强行要求每个进店的顾客都跟自己一样爱护这些宝贝书籍，所以唯一能做的——放开自己的心态，为了完成共享事业势必失去一些东西，其实这也是一种取舍。

距离拟开业日期还有一周左右，我回了一趟老家，花了一天一夜的时间，将家中所有藏书整理装箱，打包之后通过物流托运至杭州。此外，还有差不多一半的藏书，要从杭州住处运至书店。这两批藏书占了书店的主要图书库存，大约 5000 册左右。由于是私人藏书，几乎没有复本，于是店里一下子多了差不多 5000 种书籍。再加上装修后期陆续采购，又增加 1000 多册，共计 6000 多册图书，已经将所有的书架摆满了。

图书到位，下一步是更重要的分类上架。常规书店一般在中图分类法的基础上，根据自身图书品类做出调整。由于吾南书舍的书几乎是我个人的藏书，品类分布完全因我个人喜好而形成，主要以古典、人文、学术著作为主。这样的品类分布很难用现代分类法予以区分上架。借鉴历史上许多大藏书家的经验，径直根据自己的藏书品类采取最适合自己的分类法予以著录摆放。有鉴于此，我采用了“经部（附小学）、文献学部（附工具书、学人别集）、史部、子部（附史料笔记、学术笔记、宗教、社科）、集部（附中国现当代文学、外国文学）、艺术部、温州地方文献部”这样独具个人特色的分类法。大体上还是在古典目录学“经史子集”四部分类法的基础上微调而成。这样的便宜从事，使得所有书各得其所，也便于寻找，同时也体现吾南书舍特有的风格。

五

2017 年 4 月 13 日，吾南书舍正式开业。经过前后半年不到的筹备，这家书店不能说万事俱备，但也已经五脏俱全，可以开门迎接顾客了。

开业当天，我们没有做过多的营销推广，只在吾南书舍官方微信公众号上推送了一条开业通知。在这条推送里，没有过多地描述书店的筹建始末、经营理念、特色特点，几乎全是店内环境照片和简单的图片说明，末尾再附上简明的开业酬宾活动。但这条推送最终获得的关注度远远超出我们的意料。在几乎零粉丝的情况下，没有任何诱导转发，也没有请大号助推，几天下来阅读量竟将近 10000 人次，周边一些全无交集的居民住户都闻讯而来，着实令我们喜出望外。一定要分析的话，只能说明大家对书店这种事物和开书店这件事还是有着极大好奇心和关注度的。

这些年，大家最担心的民营书店如何存活的问题，说千道万，无外乎是想弄清书店究竟靠什么盈利。最初，为了表明回归书店本色的立场，我们制定规则，顾客可随意进店免费看书，还提供免费茶水，不设任何最低消费要求。这样的规则一出，进店的顾客自然不少，但随之而来的问题——我们的经营成本从何而出。许多顾客进店第一个问题就是问我们书店的盈利点在哪里。顾客的疑问不无道理，我们这么做虽然表明了某种情怀立场，但却无异于自我消解盈利点。经过几个月的试行，我们很快纠正了在经营方面的幼稚倾向，将这项规则调整为：非会员消费落座，会员可免费看书、办公。本以为这样的改动多少会让顾客产生抵触情绪，但事实证明是我们多虑了——顾客不仅更加主动点单消费，而且这样的规定相当于精选了顾客群，让原本座位有限的书店有更多的空间提供给有实际需求且愿意为之买单的读者。

从那以后，我们逐渐从最初书店开业的兴奋劲儿中缓过来，开始不断思考如何生存的问题。一家书店的盈利模式，无外乎卖书、文创、餐饮，或出租场地、提供住宿、会员服务，等等。一般根据各自书店的具体形态而有所侧重。

对于吾南书舍来说，因自身图书性质已定，几乎很难从卖书上做文章，所以从一开始我们就将卖书一项从整体经营思路上剔除了。书店并不一定要靠卖书维持，一个不以卖书为主的书店不意味着它就没有书或没有好书，相反，虽然几乎不卖书，但我们对图书的质量、精度、品类、数量的要求反而更高，每月都在添置新品类，且对于能否上架、是否上架都一再考量，决不允许任何一本烂书上架，保证满架精品。在某种程度上，我们是将吾南书舍作为半个图书馆来运营了。

不卖书，那我们卖什么呢？经过一年的门店经营实践，我们逐渐摸索出了属于吾南书舍的盈利模式。简单说，有两大块。

一是会员制度。会员制度是一种历史悠久的营销手段，但仍然十分行之有效。由于吾南书舍的环境清雅，简约舒适，特别适合阅读、写作、办公、会友，当我们推出会员储值卡，搭配充值返送、会员折扣价等优惠项目，自愿充值成为会员的顾客络绎不绝。为了给会员提供周到服务，一年之中我们不断丰富餐饮品类，基本上做到满足顾客在书店里待上一天的所有需求。从开业半年左右推出会员制度至今，这一块的营收几乎占总营收的30%左右。

二是承办小型会议。所谓承办，主要还是指提供咖啡、饮品、轻食简餐等餐饮服务，而投影仪、音响话筒、移动白板、桌椅等均为配套免费提供。由于书店所在区域周边有较多中小型企业，许多企业经常有10—20人小型会议的需求，随着企业文化的多样化，大家不再满足于单调的会议室氛围，这时，图书馆兼咖啡馆的环境就是满足他们需求的首选。2017年全年，单承办会务沙龙的营收就占总营收的50%左右。

除去以上两个主要盈利点，剩余大约20%的营收为零散客流创造，几乎体现为进店的餐饮点单。

六

只要能生存下来，就意味着吾南书舍至少还受到了市场认可。2018年3月，吾南书舍正式营业的第11个月，我们的单月营业额差不多是开业前4个月营收的总和，我们对吾南书舍后续的发展还是抱有极为乐观的预期。

生存问题解决之后，我们便马不停蹄地思考如何增强书店的文化空间属性。即使在2017年前期营收紧张的情况下，我们也没有停止彰显书店自身文化属性的步伐，定期举办非营利性读书会即是明证。

近些年实体书店图书销售受到电商冲击，一直处于颓势，但也并非无可挽回。如利用线下文化沙龙带动签名书的售卖，便是网上商城很难取代的一种图书销售模式，这也是吾南书舍接下来要着力加码经营的一块。其次，当下新兴出版品牌百花齐放，每年出版的新品类层出不穷，其中良莠参差，优秀的特色实体书店应当具备甄选好书的眼力，如能做到从新书大浪中淘出金沙，集中呈现在读者面前，这也是网上商城难以企及的。

吾南书舍将在旧有藏书的基础上，以大浪淘沙式的选书之眼，从不断推向市场的新书汪洋中披沙拣金，以期降低进店顾客的选书成本。

长期以来，TED、一席等公益分享组织颇受文化圈瞩目，而书店作为一种文化空间，完全可以与这类传播文化、知识、理念的活动形式相结合，形成一种文化辐射磁场，吸纳不同文化种类、不同学科领域、不同理念价值于一堂，创造出自由而有序的独特空间。而这与吾南书舍的创办旨趣——守望文化流播与交融，亦恰吻合。今后吾南书舍也将朝着这一方向不断前进。

试想，一个平常忙碌于职场但爱读现代诗的白领，当得知附近一家书店周六晚上要请一位活跃于诗坛的著名诗人来分享其新诗集，有什么理由拒绝参加这样的分享沙龙呢？又比如，一位嗜书如命的高中生，当听说家旁边那家书店这周将请一位平常坊间只闻其名未见其人的民间藏书家，跟书店书友分享其藏书心得，恐怕再忙也会抽时间来参加。如此，就是书店作为一种文化空间的独特实力和独特魅力的展现。

无论实体书店将来往何处发展，精致小型而特色突出的独立书店永远不会消亡。因为小，易于控制成本，成本得控，经营得当，营收便非难事，有了稳定营收，再反哺自身特色，这种小型独立书店自然可以生存，并生存得更加有价值。

2016年年末我特别想开书店又始终有些迟疑的那段时间里，一位友人对我的鼓励和支持是最终点燃我斗志的火源。很幸运，后来她成了我的妻子。现在的她已经是一个宝宝的母亲。2017年4月13日，吾南书舍开张，也是我与妻子相识半年的纪念日。

吾南书舍

2017年4月13日开业

金禾街店：浙江省杭州市江干区金禾街224号

西湖店：浙江省杭州市浣纱路2号

26 做一家理想书店

郝亚群 上海之禾空间负责人

如今想来，创办之禾空间的初衷，只是单纯地想在 ICICLE 之禾服装店里做一家美术馆和图书馆，可以让客人在周末时带小朋友来这里看看展览，看看书，同时为我们的顾客提供一个休息的场所。后来，因为相比图书借阅，觉得我们的顾客可能更想把喜欢的书带走或分享给朋友，才决定做成一家纯粹的书店。

近几年，经常听说某家著名书店关张的消息，海内外皆然。由于互联网的影响和阅读习惯的改变，传统书业式微，这不可否认。但与此同时，由于政府对文化项目扶持以及商业地产对文化体验业态提升的需求，一直不断有新书店开业，公众也感受到实体书店回暖的迹象，越来越多的人愿意走进书店。

同样为了吸引顾客，新开的书店都加入了很多新的概念，同时也刷新了公众对于传统书店的认识，每家新书店都会有自己吸引顾客的营销点，或是创始人的情结及影响力，或是特别的空间设计为客人提供拍照留念的场景，或是引入更大面积的文创和咖啡，为客人提供更多的选择和体验，都在想方设法做到不一样，满足不同顾客的需求。

因为个人的喜爱和工作需求，我会拜访很多国内外做得成功的书店，走了一圈又一圈，发现跟国外很多非常有历史的著名的书店相比，我们大多数的书店总觉得缺少点什么。看得多了，回来一想，我认为大概是缺少灵魂的缘故吧。

那么，什么才是一家书店的灵魂呢？

人们常说“开卷有益”，意为只要打开书本读书，总有益处。仔细推敲，其实这种说法也不完全正确。两千多年前，柏拉图就曾说过相反的理解，开卷不一定有益。他在《普罗泰戈拉篇》中说道：“买卖货品的商人并不知道他们提供的货物对身体是好还是坏，但在销售时不加区别地夸耀；那些购买粮食的人也不知道它们对身体是否有益，只得听信他人；当被贩售的商品是书籍时，这种不加甄别就销售给顾客的行为就可能带来更大的危害。因为看书只会带来两种后果：大得其益和大得其害。我们一定不要让智者在夸耀自己的货色时把我们给骗了。”

如果书店贩售的书籍出了问题，或三观不正，或趣味低俗，或印制粗鄙，轻则误人子弟，重则毒害人民。这种图书，是不应该出现在一家理想书店里的。

因此，要做一家理想的书店，应该只卖好书，只卖一流的书，没有一本坏书。这就是我理解的书店的灵魂。

从确定要做之禾书店开始，我们就只有一个目标——做一家纯粹的好书店，只卖好书。与 ICICLE 之禾的理念相同，不需要太“漂亮”，从产品出发，旨在引导阅读和精神消费，贩售对这个社会有帮助的知识产品，倡导美好的生活方式，从而让更多的人在这里了解阅读所带来的精神愉悦和思考乐趣。同时借以传达 ICICLE之禾“天人合一”的企业文化和价值观,为人们提供符合“天人合一”精神的综合生活体验空间；为顾客创造出具有东方精神的交流平台；实现古老东方生活哲学的当代化，为人类社会提供新的生活选择。

ICICLE 之禾品牌经营至今已 20 余年，品牌的忠实粉丝大部分是受过高等教育的知识分子阶层，低调而又讲究生活品质，他们除了对物质生活有较高的要求外，对文化艺术内容、图书质量也会有比较挑剔的眼光。所以之禾书店的定位和选书的品位，一方面要满足他们的需求，从海量的图书当中，严格筛选过滤，把优质的精神产品呈现给他们；另一方面，又要引导普通读者，推荐符合主流价值观的好书，以助读者开阔视野，延展心灵。

基于此，我们把好书分为三大类：

一、倡导健康快乐的生活美学类书籍。这一类书涵盖从美食、茶道，到电影、音乐，以及艺术设计等所有与当代人心灵生活需要相契合的美学类别，这也是 ICICLE 之禾品牌一直以来致力创造的美学价值。

二、传递人文思想和主流价值观的书籍，从历经百年的经典名著到现代文明的启蒙读物。

三、传播科学新知，提倡环保理念的书籍。科学技术是人类文明进步的标志，这类图书教育读者在享受高品质生活的同时，还要保护环境，保护地球，践行品牌所要传达的价值理念。

汗牛充栋的图书量，每年的新书出版不下一二十万种，如何从海量的图书当中筛选过滤，把最好的图书呈现给读者，要求选书人不仅有好眼光，更要有丰富的经验和深入的思考。判断一本书的好坏，自然有不同的标准，甚至时有争议。如何做到精准而不失偏颇，我认为需要书店人敏锐的洞察力，再加上专业领域的意见领袖们的建议。术业有专攻，纵使你博览群书，也无法通晓各个门类的图书质量，这就需要求助各个领域的专业人士。

仅从经验来讲，选择一流出版社的图书，基本不会失误。除此之外，更多情况下是“可意会不可言传”的经验，从封面设计的品位，到书籍装帧的讲究，从知名编辑到严肃译者，都是判断本书好坏与否的参考指标。如果仅从市场角度去选书的话，很容易做到，只要到各大图书网站按照排行榜前 200 名的书单选书就是。美国亚马孙和当当网开设的实体书店，据说就是基于大数据的分析来选书的。这种以追求销售量的书店已经很多，并不是之禾要做的书店。

书店的本质是贩售好书，拒绝不良读本，最终造福社会，但真正做到这三条的书店少之又少。因为好书往往曲高和寡，销售量有限，占用资金，周转期慢。除了精选好书，之禾空间还会不定期的邀请艺术家、文化学者、手工匠人以及各领域的达人，举办展览、讲座、体验工坊等活动。希望人们在这里不仅能探访世界级艺术文化佳品，亦能领略 ICICLE 之禾所倡导的生活美学。

之禾书店每月会有不同主题的讲座分享会，比如我们曾邀请书业老前辈黄永松、吕敬人老师分享读书乐趣，沈昌文、陈子善等老师做关于读书的分享会。我们很开心地看到在信息碎片化的浮躁的今天，很多读者还是愿意走到活动现场，静静地听一下这些书业倍受尊敬的前辈老师们的分享会，可能因为那几个小时，你对于人生的理解产生了不一样的感觉，那几个小时现场产生的思想、信息的交互碰撞和现场火爆的温度是视频直播体会不到的。

记得陈子善老师在之禾书店“从书话书趣到书店书事”的活动当天分享的小故事：“我们那个特殊的年代是很难尽情读书的，得想办法甚至冒着危险才能看到想看的书，这些都是现在的人无法理解的，现在想看什么书都能很容易地获取，但是那个年代对我其实很美好，那些书，对我来说也是永久的纪念……”

2017年，之禾画廊曾推出荷兰摄影师罗伯特·凡德·休斯特“永恒的世界”摄影展，四川美术学院龚玉“人与自然”的水彩画展，虽然来自不同国家，但是他们的作品都在关注同一个主题，运用自己的镜头和艺术创作阐述人和自然的关系。这都是跟ICICLE之禾品牌理念契合之处。除了专业的艺术家展览之外，2018年年初，之禾空间也推出了服装界权威东华大学教授包铭新的“行在路上”个人水彩画展，从事染织史和服装史研究的包铭新虽然不是专业画家，但是他退休后选择了画水彩来表达描绘自己的日常生活，作品关于人、关于自然、关于生活，因为喜欢而画，简单、纯粹、真实，我们被这种精神所触动，并希望把他的这种精神通过画展来传达出来。

我们心目中理想的书店，我想之禾书店已经很接近了。

如若将好书店的经营之道整理为准则，大体有以下几条，是谓“理想书店要义”。在此与大家分享：只卖好的图书，不卖品位差的图书；亲切有礼，不过度服务；有好听的背景音乐和懂书的店员；装修朴素简洁，以书为主，不喧宾夺主；不卖利润偏高的文创品和生活杂货；举办优质而有建设性的讲座和沙龙；好喝不贵的咖啡或茶；很多其他书店看不到的好书；可供读者坐下来阅读的桌椅，等等。

在这里，我提出理想书店的如上主张，未免会被人认为有自大傲慢之嫌。但一家好书店应该不惮表达，不惮拒绝二流，不惮坚持“正确”。

资源是有限的，空间是有限的，时间也是有限的。再次申明，书店的使命是销售且只销售于读者真正有益的好书，除此之外排除一切干扰，不做多余且无用的事。好书店在有限的空间里滤出知识的精华，帮助读者在最短的时间内找到最有营养的食粮，是为精神环保，是为阅读的所在，是为理想书店。

ICICLE SPACE 之禾空间

2017 年 2 月 15 日开业

上海市合川路 2570 号（近宜山路）科技绿洲三期 2 号楼 1—2F

27

城市、书店与人

童雪倩
太原岛上书店联合创始人

家人都是老师是一种怎样的体验？高考完我好好思考了一下这个问题，从幼儿园到老年大学，每一个我熟悉的面孔站在学校的门口冲我挥手，生在教育一条龙服务的家庭，我是不是要走这条所有人都说适合我的道路？你要问我对这个职业的感觉，大概是个备胎，喜欢不浓不淡，但真要让我一毕业就开始稳定的工作，一眼望得到头的未来，对我这种爱折腾的性格，似乎又有那么一点不甘心。

不甘心！于是，我从厦门跑到了山西读大学，顺带报复性选择了“行政管理”的专业。大学开学的第二天晚上，刚回到宿舍，我那个活泼的舍友说：“好无聊，玩手机也没意思，听说楼下有个福建的学长有特别多的书，不然我们下去借几本来看？”好奇心驱使这个故事开了头，透过宿舍的门缝，密密麻麻整整齐齐的书摞在一起。这是我认识那个书呆子的开始。

后来的故事发展得没什么意思，这个男孩不同寻常的模样时常让人啼笑皆非，约了一起吃晚餐，却在偶然碰见的旧书摊把所有的钱花光，然后一人一根烤肠，抱着重重的带着味道的旧书在夕阳下迈着沉甸甸的脚步。上课无聊想看本小说打发时间，书堆里递过来的是一本《自杀论》，在无聊和更无聊之间，我还是选择了好好听课。

大三，到了大家开始仔细思考自己未来的时候，书呆子选择了适合书呆子的路，准备考研，专业国际政治。如果这是个安分的书呆子，故事到了这里差不多应该以无趣结尾。复习到一半，书呆子扔掉了所有的教科书，还在QQ空间发了消息，要把所有看过的旧书卖掉，除了震惊还有佩服，这个人好像真的要做点什么事了。

一辆生锈的自行车，后座和车头的篮子里各放一个纸箱。我常常有点恍惚，宿舍里密密麻麻写满笔记的“三大批判”被摆在学校保安难以发现的角落，一个人放哨，一个人叫卖。山西的风不比海风，刺骨且寒冷，把地上的书也蒙上了薄薄的灰尘。

周末在校门口摆摊，正对面的工地盖的楼刚刚超过围墙，露出个头。没人的时候聊天：“我们打个赌，你说对面那栋楼，会盖几层？”“十层吧，我要是赢了请我吃饭啊。”“你说我们什么时候，能有个真正的店面啊。”

我有个习惯，每到一个城市，一定会去两个地方，一是菜市场，二是书店。去菜市场是因为极其没有安全感，短暂的游玩过后看着陌生的街道会害怕这种无法融入的飘忽感，而菜市场是最容易融入这座城市的地方，热乎乎带着口音的普通话，你来我去的讨价还价，生活的烟火味一下把人熏得有些熟悉，似乎这里就是你扎根长大的地方。书店不一样，书店像是城市里的湿地，淡淡的烟雾和或深或浅的绿色，水的滋润要用鼻子细细去闻。每本书静静地躺在那里，好不容易遇到那本心仪的书，恨不得焚香沐浴再拿起观赏。每一次呼和吸都好像把新鲜的氧气装满了身体。我记得有一本书这样描述书店，“只要有一颗星星亮着，就有整个夜空值得仰望”。

后来，店真的开起来了，就在那个我们打赌会盖几层的大楼的地下车库。有人称我们为“创业者”，所有的创业路程都被细细剖析，这条路走到今天，难吗？难！这些困难值得被提起吗？不值得！就像一个母亲费劲了全身力气将婴孩带到这个世界，唯一要做的一件事，是确认这个珍宝是否健康，好好拥抱这个新生命。

故事开头的书呆子是个不太标准的书呆子，他总有无数个突如其来的想法马上就要付诸实践，而我的习惯，是打击他的一百个想法，再同意第一百零一个。店刚开始的时候，一切都很混乱，我们无所不知，同时也一无所知。创业这件事，人们远观会啧啧赞叹觉得酷，稍近一些就会有无数的质疑，反复质疑的当然是我们身边的人。

近几年，国内的独立书店似乎遇上了春天，遍地开花的样子，说是百花齐放，其实大多一个样。各种各样的最美书店，知名的设计师，图书、咖啡、文创、简餐，这些加在一起，就是独立书店的全部了吗?

独立书店的外表什么样，独立书店为什么独立，来自哪里，又将去往何方?

与其说这是一场面对不知名围观群众的辩论，不如说这是场与我自己和我的团队的辩论，我们面对每一个人抛出的问题，我们向着自己提出无数个质疑，然后再像水果忍者里的那把刀，时快时慢地消除这些疑问，甚至有可能遗漏某些。

我想分享几个，关于书店的构想和对话。

“你知道我想做一家什么样的书店吗？我想做一个文化空间。你有没有想过上班族，幸苦工作了一天之后，除了商场、公园这类的第三空间之外，还会选择什么样的地方放松呢？走进这个文化空间，不管在别的维度，从事着什么样的工作，是什么样的性格，来到这里，都能感受到文化的作用力，只要你愿意，在这里，没有谁会被设限。”

这是书店开业之后，在一堆焦头烂额的事务中，我第一次感到坚定和不彷徨：“每个人心中都有一团火，路过的人只看到烟。”有时想想，从小到大在作文里胡诌了那么多个人生理想，这却是第一次真切地感受到火在燃烧，这就是理想吧。

“来到太原这座城市已经有将近四年的时间了，走过街头巷尾，吃过路边的串串和街头热气里的刀削面……记得守着小小的书摊的那段时间，来来往往的路人，有的匆匆而过，有的停步驻足，在这些人眼里，有对书的尊重，而这座城市，缺少这样一个地方。我们在做一个尝试，能不能给喜欢的城市建一座文化地标。”

书店开业半年的时候，我们把很多东西做了改进，从图书的选择分类，到精选书籍的推荐，店里的每一张海报和每一个小小的标牌指引，都是一遍遍推翻又重建，才敢小心翼翼地捧到读者面前。与其说我们是在对读者做图书的展示，不如说我们是替不会说话的图书说出它的故事。

“你进到岛上书店，会发现这里有图书，有鲜花，有咖啡，还有音乐。当你离开的时候带走了什么呢，可能是跟书没有一点关系的一捧花，或者一杯打发时光的咖啡。那岛上书店存在的意义是什么？岛上书店区别一家花店或是一个咖啡馆的地方在哪？在书。”

这些对话，有些是团队之间的探讨，有些是我心中所想，点点滴滴，也就是这些看似不经意的细碎文字，支持我走到了现在。你知道我最喜欢书店什么时候吗？不是人们拿着相机拍照闪光灯亮起的时刻，不是拿着各种产品排队结账的时刻，而是天色已晚临近打烊，暖黄色的灯光安静地照亮零星几个人手上的书本，然后你看他明知道要打烊却坚持到最后一秒钟，灯光彻底暗了，才依依不舍地放下手中的书，再回头反复确认是哪本书的哪一个页码，在哪一个书架。每每看到这样的时刻，我都会在最后一盏灯下站立，目送最后一位客人的背影，看着空无一人的书店和书架上的满满的书，安逸到常常会想：“就这样吧，够了。”没有一点不甘心，只想就这样静静地一直到老……

这间店是用地下车库改造而成，当初这样的选择纯粹出于房租低的考虑，却收获了很多意外的惊喜，顺着车库入口往下走，在正中心的位置，前段时间被摆上了一个巨大的机器人，保持着奔跑的动作，身体里被塞满了书。站在机器人面前，我时常想：你要跑向何方？我不知道他要跑向哪里，不论在不在我的手心，在不在我的店里，总会出现在需要他的城市。

一座城市，需要一家书店。

写下这篇文章的时候，太原岛上书店刚过完他的一周岁生日，这个时常觉得他不足却又处处依赖他的一周岁的小孩儿，在我面前蹒跚着，笑嘻嘻地看着我，我也静静地看着他，看着他一点点地长大……

Island Book Store 岛上書店

2017 年 2 月 27 日开业

山西省太原市小店区坞城路 31 号龙珠大厦地下一层

28

一生、一天、工作、独处

姚超凡 潮州三更书店创始人

说起开书店的缘由，其实很大因素源于在外求学的几年。每逢周末，书店就变成一个增长自我价值的平台，也是一个精神的寄托场所。无数个周末，我待在书店，不仅仅局限于读一本书，看一篇文，品一首诗，歌一段词，更多的是，在不同的书店，遇见不同的人，聊不一样的人生，参与每个不同书店举办的各类激发自我、开创思维的活动，包括音乐会、读书会、摄影 & 绘画分享，等等。我受益良多，也多少对书店有了异常深厚的感情，这种感觉更像是一座城里有一个永远不会告诉你将学到什么的导师。

尔后毕业，学习设计专业的我，仍乐于踏足每一座城市中的书店，沉溺其中，哪怕只是发发呆也好。就在这不断寻觅藏匿喧嚣中的宁静途中，对书店的感情，也越发不可收拾。

若干年后，我回到家乡，回到自己出生的地方，我开始喜欢上这座城市，这方人，这片土地。在这座小城，有我所珍视的人，有我所爱的一切，有我土生土长的根，有无尽刺激着味蕾的美食，让我驻足忘记曾经投奔在外的野心，更想留在家乡，为这座城做点什么！

于是在工作中、学习中、生活中常常思索，这片土地缺失的是什么？是人与人之间的沟通？是这座小城赋予人们的机会少之又少？是人们思维的局限、匮乏、狭隘？太多太多接踵而至的问题，让我决定，我要留下来，我要做点什么，给予这座城，给予这一方人。

于是，在多方筹划后，有了创建“共享书房”的想法，起初只是提出了一个“共享书房”的概念，打算在建立自己的工作室的同时，将其中第一层设计作为一个“共享书房”，提议每个人捐出自己家中闲置的书本，每个人都能在这里学习，换取书本去阅读，每个人都可以在这里高谈阔论，倾诉自我，分享经验，参与活动，提升价值。

理想是丰满的，现实却是骨感的。就在想法提出的一周内，当我和每一个人谈论这件事的时候，面对的是朋友的不解、亲人的反对，觉得我在做一件“蠢到不行”的事情。直到后来，我不再说，我开始为想法付诸行动。

我把自己书房的书全部整理出来，打包装进箱子后，开始寻找场地……直到把一个百来平方米的空房竖起四面书柜，把自己的书搬进这个空间的时候，我才意识到自己真的“蠢到不行”！原本小小的私人书房的书，在这样一个并不算大的空间里，竟然如此微不足道。我开始着急，开始为了那句“原本我拥有整个书房抵御世界，现在它属于你们”的承诺，没头没脑地从网络及各种渠道购书，以填充这空荡荡的书柜。

在这样不断填补不断充实的过程中，我意识到这个“更大的世界”所带来的不仅仅是我一个人的小书房，因此，更不断驱使我坚决为之努力！

直到有一天，拖着能量即将消耗殆尽的身体回到书房面前时，发现卷帘门前，放着一箱箱旧书，旁边蹲着的就是那群曾经对我说“蠢到不行”的人。他们中有满腹情怀的“总裁”，热爱阅读的“小白”，喜欢咖啡的“老猫”，等等。那一瞬间，我才意识到，我不是一个人在战斗。

就在这样的筹备过程中，不断有新的小伙伴加入我们，了解初衷，并给出了更多的实际建议和意见，多数为场地的局限性和租金的困难，以及如何盈利，如何管理，等等。

最后，在这些小伙伴的帮助下，共享书店以一个更完善的形态出现在人们面前。

当然，在摸索前行的过程中，我们开始改变原有的想法，意识到搭建一个毫无主题的共享书房是多么的不切实际，我们开始实地走访行内各大书店，回到那些我曾经渡过无数个日夜的“净土”，听取那些行业内前辈们的意见，综合所有一切的一切，结合我们小伙伴各自的想法，我们决定向复合型书店转型，剔除原本打算把二层作为设计工作室的念头，改成了书吧形式，结合咖啡饮品作为一个销售的消费阅读区（座位数约 55 个），而一层结合当地学生读者需要一个良好学习和读书的环境，尽书店应有的义务，致敬之前共享书房的想法，把一层作为一个共享的免费阅读区（座位数约 25 个），并加入了咖啡冷热饮、蛋糕制售、文创商品，等等。也许以这样的形态，我们才得以走得更深，更沉，更远……

当几个小伙伴为经营一家书店而奋斗的时候，都是在各自忙完自己工作之后的午夜时分，大家聚在书店里讨论想法，分享经验，提出问题，解决问题。也是在这样无数个三更时分磨合了彼此对更深、更沉、更远的想法。最终，在每次三更半夜的宵夜里，在嬉笑谈吐打趣中，我们开始对“三更”这个词有了更深的感情，三更也慢慢深入每个小伙伴的生活里，无可替代，我们称之为“奇妙的时间”。

恰到此时，“三更书店”应运而生，一个既代表我们对书店的憧憬，又是我们生活中“奇妙的时间”。在尔后的设计中，开始赋予“三更”更多层次上的含义，譬如在 LOGO 的设计上，用四个不完整的圆圈代表时间流动的轨迹，每一个圆圈，都有其特有的定义所在，分别代表了“一生”“一天”“工作”“独处”。而 LOGO 底面则是我最为喜欢的一个摄影师——杉本博司的作品《时间的海》。也借以这片海表达一种时间不会磨灭的自然，亘古不变存在的形态，结合《劝学诗》中的“三更灯火五更鸡，正是男儿读书时”，赋予这个名字更多层次的意义。“三更”作为我们店铺的部分活动时间，以及一直保持营业至三更的理念并实施。最终向小镇传达，“三更”既是时间，也是地点。

而三更书店的装修设计，也紧扣着这片《时间的海》。一层为灰蓝色调的水泥墙，冰冷的水泥桌，极简的设计，冷郁的灯光，都在营造一种深海的感觉，克制、沉稳、力量、冷静。然后经过挂满干花、吉他、书籍、时钟的楼梯，此处的楼梯更多在表达“逝去的时间”。慢慢抵达二楼，冲入眼帘的是雪白的墙壁，柔和温暖的灯光，木质的书架，通透的玻璃，磨砂玻璃代表了云朵，简单的木线条代表着阳光，光线照进身体，截然反差的设计风格，营造了一个天空的感觉，放松、悠扬、包容、理解。

无论从LOGO的设计到空间的设计，都紧扣着LOGO里杉本的那片海，结合整体的装修风格，是我们为之用心去表达的一个时间与空间的概念。

当我们以这样的形态出现在潮安这个小镇的时候，吸引了周边许许多多的人前来拜访。慢慢地，一些曾经拜访过的前辈也开始到访，让为之付出的我们倍感欣慰。因此，我们赋予这家店每一个存在的形态灵魂，并加以串联之后，开始有内容地分享这些故事。在随后的分享中，我们认识了很多有意思的朋友、顾客和小伙伴们，也借由这些人的力量，举办了很多有意思的活动，因此我希望能将书店发展成为一个分享平台，每个人都能在书店学习、工作，接触更多的事物。书店的形态，不只是局限于书本和阅读。

希望创造这样的空间，产生更多的交流，促进更多的活动分享，让这座城市的人们有机会去了解更多，学习更多，分享更多。这也是三更书店对未来发展的指向标，希望在这样的过程中，有更多的人加入我们，帮助我们，成为我们。

修一方天地，这是我们，能为这座城做的。

许你不思远方，这是我们，能为你做的。

最后，三更等你到三更。

三更·书店
SanGeng Bookstore

2017 年 10 月 10 日开业

广东省潮州市潮安区金峰街安盛新园 A 区 53—54 号

㉙ 读本屋记

廖　宇　成都读本屋创始人

怎么会选择开书店？这个问题有太多人问过。

回想起来，大概从我迈入大学的那一刻起，冥冥之中就有所注定吧。

大学选了工科，专业也是父母定的。说实话，当时对于选择何种专业，以及专业和未来人生的关系，我完全处于懵懂的状态。既然对专业学习实在提不起兴趣，选择性逃课、整天泡在学校图书馆就是自然而然的事情了。也许是年少不知天高地厚，对任何未知的一切，都抱持着强烈的好奇心，充满着对学习的渴望，就这样不自觉地读了很多闲书。

不分良莠的阅读对我而言，犹如打开了一个全新的世界。书看多了，自然对书的内容有了要求，渐渐形成一定的阅读偏好。到大三，学校图书馆已经不能满足我的阅读需求了。一则自己偏好人文社科类书籍，而工科学校图书馆里能借阅的实在是太少，二则学校图书馆的藏书更新速度实在太慢。

我走出校门，走进了书店。可我发现，书店里的书依然良莠不齐，越大的综合性书店，品类虽全，但柜台码放的几乎都是各类畅销书。有时一天逛下来，也未必能买到自己想要的书，费时费力，那种走进书海淘书的渴望和惊喜渐行渐远。

也许，就是在那个时候，怀揣着对人文社科类书店的期许，将来开一家自己理想中的书店的想法，就这样在心中扎根下来。

大学毕业后，专业成绩平平的我顺利地进了公司上班。

学校里养成的阅读习惯继续保持着，做完分内的工作，常找些自己喜欢的书读。

这种“书虫”的行为，自然不为领导和同事理解，身边日渐充斥着冷嘲热讽。时间久了，我成了别人眼中的异类。工作时间愈久，我便愈加反感令自己无法开心的工作环境。我开始向往那种既能养家糊口又能带来快乐的工作，开一家自己理想的小书店，过上无拘无束的生活的想法，再次萌生。

开店的想法有了，但毕竟是初次创业，要得到家人的支持，就得让他们觉得这件事十拿九稳。在没有任何经营经验的情况下，提高成功的概率，应该选择低风险的行业才是明智之举。书店这个行业，先不说别人，就我自己看来，前路都布满了荆棘，更何况，我理想中的书店还是只经营相对小众的人文社科类书籍，在这个急功近利的社会里，我的想法听上去都有不靠谱的嫌疑。况且，书店行业早就流传着一个说法：“如果你想要你的朋友破产，就劝他开书店吧。”

传统书店行业凋敝的讯息更时不时传得风声鹤唳。似乎只有财力雄厚的“大鳄”才会接手书店生意，更别说还有当当、京东、亚马孙等网站一年四季地打折卖书，Kindle也已普及。开书店这事，真的能成吗？

思虑再三，我不得不暂时放弃开一间单纯而理想的书店的念头，转而选择开一家以书籍为主题的咖啡馆。正如《西方哲学史》作者伯特兰·罗素所说：“真正的生活，是在理想与可能两者之间不断地妥协。”

原因很简单。咖啡馆的创业门槛，相对书店来说似乎要低很多。第一，书店前期投入太大，仅铺货就是一笔不小的费用；其次，经营小咖啡馆，只要店主会做咖啡就八九不离十，而做一家书店，店主必须得会选书。在我看来，独立小书店能否成功，店主选书能力至关重要。当时最大的担心就是，怕我的阅读面不够广而导致选书眼光过于狭窄，不能独立撑起一家书店。

说干就干，我找了家咖啡店打工，在最短的时间内全力以赴学会了冲煮咖啡，同时努力寻找合适的铺面。可能是我的诚心感动了上天吧，没过多久，我就寻到了一个心仪的铺面。接手后花了一个月装修，就这样，我的图书主题咖啡馆开张了。

图书主题的咖啡馆，除了咖啡，最主要的元素就是图书了。我把家里这几年近2000册的藏书全搬进店里，抱着忐忑的心情先用自己的藏书填满店里的书架，完全没有考虑这些书对不对顾客的胃口，更没有想是否真的会有顾客在我的咖啡馆里，坐下来静静地阅读。

不管怎样，做着自己喜欢的事情，心情很快变得舒畅起来。慢慢我的小店被很多顾客戏称为“伪装成咖啡馆的小书店”，也被另一些顾客过誉为“可能是成都选书质量最好的咖啡馆”。

两年多的图书主题咖啡馆的经营，很多顾客已成为朋友。有00后的学生，也有50后的退休的老先生。朋友们年龄跨度这么大，我想维系这样的关系，大概有赖于我喜欢和到店的顾客聊天的习惯，但真正拉近彼此关系的纽带，还是我们对店里某些书和话题所激发的共鸣。而这些喜欢书、喜欢咖啡的朋友们，也为我将来开自己“理想中的书店”，日渐增加了成功的底气。

经营着以书为主题的咖啡馆两年多，我一直没有放弃将来开书店的打算。我用几乎所有的空闲时间，做了两件我认为对将来开书店大有裨益的事。

首先，建立自己的版本目录学。我开始对当代出版的书籍进行目录梳埋，以此在头脑中形成一个书库，做到想要找哪个专题或者哪个作者的书，脑海中都能第一时间搜寻出对应的书名、作者和出版社。而这点功力，主要是通过常泡亚马孙、当当等电商名录，以及花大量时间逛实体书店苦练出来的。

对顾客来说，电商的检索功能是实体书店无法比拟的。比如，我想找关于托尼·朱特的书籍，只需输入“托尼·朱特”，他所有的著作，包括其本人推荐的其他书单，就全部显示出来了。时间久了，我自己的版本目录学，就这样一点点地建立起来了。

其次，搜寻绝版书。有些现代出版的图书，因为版权或其他原因，寿命往往非常短，上市没多久就成了绝版书。这类绝版书的价值，对于书友来说就不可估量了。而搜寻绝版书，二手书市场则是主要渠道之一。成都的二手书市场，都是凌晨 4 点开始早上 8 点结束。我每次都是一大早开着车穿越大半个沉睡中的城市，一想着今天能邂逅什么绝版书，竟丝毫不知疲倦。二手书市场去得多了，哪一位书商常有什么样的书籍，在什么价位，老板允许的议价空间大小，慢慢地，我都做到了心中有数。

除了在二手书市场搜寻绝版书，平时逛实体书店往往也会有所收获。时至今日，我都保持着一个习惯，就是每到一家书店，都会尽量把里面的绝版书淘光，然后放在自己店里销售。而为了给我店里的顾客收集更多的好书，这两年，我每到一个城市，几乎都会花多半的时间泡在当地书店里淘书。在没开书店之前，我家里所有能放置东西的地方，都堆放着装满淘书的纸箱，朋友开玩笑说，进了我家的感觉就像进了仓库，目光所及全是书。

积累了一批喜欢书的顾客朋友，建立了自己的版本目录学，存足了绝版书，我知道，机会来了，是时候兑现开一家自己理想中的书店的梦想了。

经营独立书店和经营其他小店一样，成功的选址是通往成功的第一步。在我看来，人潮涌动的闹市区并不一定适合独立书店。书籍的低利润率以及饮品的低翻台率，注定了独立书店根本撑不起闹市区高昂的租金。

因此，我选址的第一个参考指标，就是租金。根据之前经营咖啡馆的经验判断，每月每平方米租金在 50 元以下，比较适合经营独立书店，租金过高经营就会出现困难。毕竟，情怀释放的基础还要能养家糊口。

第二个重要的参考指标，就是交通的便利程度。以地铁出口一公里以内为佳；附近100米还得方便停车，有停车位或者停车场自然更好；书店范围内有写字楼或者机关事业单位，对经营比较有利，工作日期间，白领和公务人员将是很重要的潜在客户。最后一点，书店空间面积应控制在80—100平方米以内。80平方米以下，座位少，势必导致饮品收入减少，而饮品毛利率是远超图书的；超过100平方米，则会增加书籍和装修的投入，在有限的资金和考虑投资风险的前提下，超过100平方米的店面，并不合适独立书店。而且超过100平方米，势必要增加人员，人力成本也会增加。

合适的店面找好后，最令我苦恼的就是为书店取名了。

“读本屋”，一是因为本屋在日语中就是书店的意思，而“读”这个字，天然和书不可分离；二是因为我把目标客户定在80后和90后，自然就放弃了以什么斋或什么局这种比较传统的名号。最终，我选择了“读本屋”这个听起来比较温馨又不乏小资气息的名字作为新店的名字。

一家独立小书店的风格，最重要的体现就在选书上，这不免掺杂店主的个人喜好，但我却有基本的选书原则，即是：三类图书不卖，一是鸡汤成功学不卖，这类书籍几乎没什么营养，而且并不能让人成功；二是欺世盗名、怙恶不悛的书不卖，就算盘踞各大畅销榜单，我也不会卖；最后一类，一切愚弄思想的书籍坚决不卖。

萨特说过：“一个人自己愿意做什么人，就是什么人。”我所期望的就是，你走进什么样的书店，就会变成什么样的人。

当然，对新书售卖的设限势必导致书籍种类和盈利的减少。由此，我想通过售卖二手书籍来弥补。这两年，我收了一些二手书，也认识不少二手书渠道商。首先，二手书相对于新书至少有两种不同价值：因为一些特殊原因导致书籍绝版，无形中为顾客带来一种邂逅到未知书籍的乐趣，这也让顾客对读本屋保持一种新鲜感，因为顾客根本无法预测下次光顾时，会和哪本心仪已久却不可得的书相遇。其次，二手书收售价对顾客来说也相当划算，而对店家来说，利润空间也远远大于新书。但这种利润与所支付的成本——搜寻绝版书籍所付出的时间和所耗费的精力相较，实在无法成正比的。

现在的读本屋分为三个区域：一个用来分门别类陈列书籍，一个供顾客品饮休闲，还有一个则供各类分享阅读的读书会专用。不得不承认，图书区域只占三分之一是为了盈利所做的妥协，毕竟单靠情怀开店是难以坚守下去的。从理性的角度出发，图书区域不可避免地要向饮品消费区域让渡一些。

起初，开一间理想的小书店本是为了过上自由的生活，预想中自己还可以利用顾客较少的空闲时间读自己喜欢的书。没想到，开店后真正属于自己自由支配的时间反而变少了许多。我开始计划着招聘店员来参与书店的日常管理，这样自己就可以抽身出来，看自己喜欢的书，逛逛其他喜欢的书店。

无论如何，现在最快乐的事，就是守着读本屋和老顾客聊天的时候，又有慕名而来的新顾客推门而入。

BOOK COFFEE HAND MADE
DBW 2017
讀本屋

2017 年 11 月 26 日开业

四川省成都市斌升街 18 号附 3 号

30

寻找书店自身的语言

郑　奋
广州马赛克书店创始人

在未进入书店行业的时候，我是个喜欢读点书的年轻人。生长的那个小镇，有一家挂着新华名字的小书店，但里头只卖文具，没有书。在小学之前，家搬得很频繁，住过医院的临时办公室，租过爸妈的朋友家，后来爸妈经济好转买了一栋旧房子，原先住的是一对小学教师，因工作调动要搬家，走得匆忙，留下了不少旧书。这些书陪我度过了整个小学，唐诗宋词、武侠言情、坊间野史，有的懂，有的读不懂，有很多书看了不止一遍。有些字不认识就猜，句子能读懂大半就行，实在跳不过去的才查字典。爸妈倒是挺高兴的，觉得我比其他小孩安静，好养。

这些囫囵吞枣的东西，现在大抵都忘了，除了偶尔课堂上老师讲起唐诗宋词，我答上几个课本里没有的能引来一些注目，或者给前后桌的女生讲几个名人的小八卦，没留下其他，我就是纯粹喜欢看书而已，除了《水浒》。

《水浒》是父亲买来自己看的，一直放在他们房间的床头柜上，当时的我随手一翻就放不下了，连父亲什么时候进的房间我也不知道。父亲说你要读可以，但是只能读上和中，下册你长大后再看吧。我当时就满口答应了。接下来的一年，我把《水浒》读了三遍，还把一百单八将每个人的绰号都记住了，像记九九乘法表一样，隔一段时间就做一下检查。

八百里水泊梁山，是我当年最向往的地方，它和我生活的小镇完全不同，我经常想象自己也位列其中，快意江湖。大概是到了高中的时候，我才翻出了下册，现在几乎记不清下册到底讲了什么，只记得前两册好不容易积攒下来的一百单八个兄弟，那些即使到了悬崖边上也能勒紧命运喉咙的好汉，在下册中死的“轻而易举”“成群结队”。我读得非常恍惚，感觉不到三册会是同一本书，同一个人所写。巨大的感召力之后是同样巨大的幻灭感。这是读书的魔力。

第一次被书店震撼，是在南京先锋书店，之前对书店的印象大概停留在新华、大书城，什么书都有，慢慢找，找到自己想看的，席地而坐，可以待上一整天。那次去南京找朋友玩的时候，朋友说给我个惊喜，带我去的就是先锋书店。第一眼就被巨大的空间震住了，书围绕着空间有序绵延开，再看选书，不是大而全，而是按照自己的框架来建构，很扎实，每本书几乎都可一读，它颠覆了我对于书店过于刻板的印象。如果说家庭是伦理的最小共同体，书店就是公共空间的最小共同体，应该用建筑、结构和内容表达自身。因为先锋书店，我开始有意识地逛书店。

到了快毕业的时候，我并没有一心想往书店去的想法，我更愿意将书店作为我的副业。直到遇上方所，她们展示了一个书店更为宽广的未来。它的可能性、未来性让年轻人心潮澎湃。我刚加入的时候，方所还在筹备第一家店，除了新书，书架上的书已经采购了七七八八，当时有个大仓库，同事们一边整理图书一边模拟上架。

现在想起来，运气真的非常好，同事们都是清一色刚从学校出来的年轻人，稚气未脱，又真心热爱着书业，带领我们的是国内最有经验的从业者，他们大多都在书业摸索了十几二十年，能请来一个都实属难得。当时的落柜图，光图书的部分，印象里就改过五六十次，考虑顾客动线，分类的逻辑，重点书推荐，主题书展，带着我们反复推演，寻求最优方案。

开业后不久，因为一些原因，几位资深上司离开了，事情发生得有些突然，她们说应该把图书采购的任务交给年轻人了，我当时很紧张，虽然也工作了大半年，但是大部分工作还是处理一些琐碎小事，并没有直接在采购的第一线，更糟的是我当时还有一些社交恐惧症，尤其害怕给陌生人打电话。我考虑了一个晚上，最终决定试一试，错过了这样的机会一定会后悔。

决定接手采购工作后，我一边开始架构书店的体系，恶补之前非常薄弱的艺术史、哲学史，按照时间、流派、重要事件与人物，架构各个领域的脉络，发掘新的文本、视角，让体系呈现出当下的流动状态，先从出版社入手，熟悉历年所有出版品种，以及社里的拳头产品，一家家地完善适合方所选书的供应链。

印象最深的是，做采购没多久就碰到春节假期，我对于备货数量预估严重不足，过完年回到店里的时候，看到店里很多分类都倒柜了，开会的时候，运营的同事汇报此事，并没有将责任全盘推给我，说第一次碰到这样的事，运营和采购经验都不足，未来会共同制定出节假日的补货规则。当时，无论是店面运营还是采购，几乎都是没多少经验的年轻人，我们唯一想做的就是，把好的书推荐给来店的读者，连休假的时候都在交流各自读的书，这是我们的工作，也是我们的生活，根本分不开，那时候店里的业绩月月创新高，那曾是我们的黄金时代。

任何时代都会消散。很多时候，我待在店里，看着许多年轻人进进出出，他们大都已经不会去架上一本本地看书了，书太多了，太沉重了，一辈子都读不完十分之一，他们的视角几乎都是在平台，然后快速地拿起一两本去柜台结账。我想起，当年我无比热爱阅读是因为它是我跳脱寻常生活的唯一选择，寄托了我全部的对于可能性的想象；但是现在，承担这种功能的媒介太多元了，微博、微信、音频、短视频，书店反而显得不那么重要了，是时候放弃多年的酒香不怕巷子深的观念，它要复魅，它要性感，它要更主动与读者产生新的可能性。

从方所离开的时候，我已年满三十，人的一生总会有一些关键节点，逼着自己跳一下也许有新的可能，我没法让自己按着惯性走，我想做一种不太一样的书店。首先就要打破所有书店遵守的图书馆式的分类体系，我设定了四种人群：生活家、路上观察者、图像观看者和智识分子。希望可以用书籍真实地联结起每一个人。

对于生活家的想象来源于“假山”这种最为典型的文人审美情趣——再微小的空间也可以包罗万象。从家的空间设计到器物的美学，从家庭整理术到饮食生活，从博物学到推理小说，宅家也可心与物游。

路上观察者们，是永恒的行动派，是无脚的鸟，是热衷于考现学的人。比城市游记更深入城市精神的是文学，比如布拉格，应该属于克里玛、赫拉巴尔、哈谢特……他们身上凝结了东欧人所独有的面对荒诞的幽默；《百年孤独》里的拉美是我认为最好的拉美游记。文学应该代替旅行攻略带领我们漫游，去认识他者并在他者身上认出自己。

身处读图的时代，图像成为代替文字思考的第一媒介，然而我们是否真的会观看，我们认为的美或者丑，是基于我们自己的判断，还是被约定俗成的？在图像背后，艺术家、赞助商、技术和观看着的我们，是如何深刻地影响了观看的方式。

对于智识分子，可凝结出三个议题，“何以中国”“西方是什么”“什么是我们赖以生存的当下”。我们以断代史的眼光打量中国，就知道文学、艺术、哲学、历史没法完全分开，在它们背后是更深层次的文化心理，在全球化的当下，中国是一个实体还是一种流变，它的丰富性也许远未被发掘。而西方，深刻地影响了我们的西方到底意味着什么？雅典时期的苏格拉底之死，对柏拉图构建理想国带来何种影响；漫长的中世纪与后至的文艺复兴、宗教改革又有何内在关联；四种革命（英国、法国、美国、俄国）如何塑造了人们对于政治的想象；奥斯威辛之后诗人何为，艺术何为，理性通往何方……这些都可以成为重新打开西方想象的入口。而当下，乡土中国仍然面临着漫长而痛苦的转型；白话文百年后，华文是否进入了自己的成熟期，海外的华文创作如何呈现一种离而不散的状态；互联网如何深刻地影响了世界以及生于其中人们的行为方式……当下是层出不穷的，当下是需要被提炼的。

我希望它性感一些，给它一副美好的肉体制造一种危险。我们从2018年Pantone年度色“Ultra Violet紫外光色”做延伸，以色度有别的四种粉紫红色打造书架，要突破性冷淡，也要为无趣的少女粉注入更锐利的锋芒。它不能是扁平的，扁平的东西吸引不了人，别让书架就这么趴在墙壁，要让它飞出来，像星际穿越五维空间一样横空出现，然后把阅读与手账和零食并列，它们就像B站的弹幕一样毫无违和感。最后一定要是可亲的，我们拒绝高冷，谁规定书店一定非要是个藏经阁，泡面的时候你可能会看泡面番，但有些短篇小说比泡面番还对胃口，我们从丹东千里送来朝鲜的大同江啤酒，尝尝它的泡沫会不会也开始对它的社会形态感兴趣？读书有无数种方式，我们会想千奇百怪的办法给你打开这些入口。

我给这家书店取个名字叫作马赛克，它关注的永远是那一个个人，尽管我们微小，但拥有无限的可能。对于它的未来，我希望它能像乐高一样，满足对人们无穷的想象的需求；它要像美术馆一样，定期策划内容，用书籍、影像，甚至线上音频组合的方式，邀请来店的人们进入未知；它要成为永远充满可能性的生命体，邀请你进入无止境的历史，解放历史也解放你的未来。

Callme™ MOSAIC
马赛克书店

2017 年 12 月 22 日开业

广东省广州市天河区马场路 36 号太阳新天地 305—306 商铺

后记

吴少钰　自由撰稿人　公众号宝岛书店漫游记主理人

《书迷》纪录片刚刚播完，我还沉浸其中，关于淘书客和贩书人的故事，总是很吸引我。讲了太多遍喜欢书店的缘由，我自己都会疑惑，难道在那之前，我对书店没有感觉的吗？扪心自问，自己到底喜欢书店什么，是否有些本质不变的东西在里面？

喜欢读书，是一种欲望——获取知识的好奇心；从读书走向书店，是一种慰藉——来自人与书的信任与亲密。

我读书的介质并不固定，是贪心的人，既爱纸书的深情，也喜电子书的便捷。买书的时候更是途径多样：在书店买，在网站买，在朋友手上买……似乎，只要有书读，是什么样的书，怎么来的书，一切都不重要了。

不过，一旦寻书不得，我整个人就开始焦虑起来！电子书有时候可以解我这个困惑，但是更多的时候，书一绝版，便与人隔绝，很难相见！为什么我对淘书客、贩书人的故事那么着迷？他们正是与“书店”一同来解决这个问题啊！

要是新书店，那多数是在开始订货的时候得了好书，又没退没卖，爱书人才得以遇见此书。如果是旧书店，那么来源更加广泛，书从上一任主人手中离去，在世界冒险，经过垃圾场或者是资源回收站，辗转到达旧书店，再在漫长岁月中遇见下一位主人。其中还有回头书店，出版社发出去的书没卖完，再打包卖给回头书店，沧海遗珠此间来。人与书的缘分，全因书店紧紧牵绊在一起。

2016 年，我曾与小渔岛书店的老岛一起去资源回收站，收那些从上一任主人手上抱憾离去的书，把书带回来再阅读的时候，似乎我与书本都重生了。

2017 年，我和当时还没创办读本屋的廖宇在香港书展擦肩而过，然后相聚在成都，一起聊在成都鬼事淘书的故事，带着夜灯在送仙桥像是寻宝又像是在探险。

2018 年，在外出差，我第一次走进回头书仓库，被仓库之大、书籍之多所震撼，那些我们看不见的书就在这里等着书店再次现采，与读者重新认识……

如果有一天，你在世界中寻书迷路了，不妨去问问书店。刚刚同事问我怎么找一套前几年出版的文集。我在网上书店费尽工夫四方搜集不得，忽然想到本地一家学术书店，不如去问问！无论未来信息如何通达，书店仍是知识的秘密宝库。

沏一壶茶，展一卷轴，燃一炷香，落一行字。

书店是所有这些文字、故事、情感安放的住所，流动的驿站

纯真年代

左边右边
BOOKSTORE

BOOKSTORE

百草园

枫林晚

保羅的口袋
PAUL'S POCKET

ICICLE
SPACE
之禾空间

ZM - BOOK
Sincere Reliable Quality

城市之光
Reading · Thinking · Listening

大熱書館
i'Reading

Island Book Store
島上書店

想像書店

繁花 · 我們圖書館
FLOWER HOUSE OUR LIBRARY

甲骨文·悦读
书BOOK · 礼品GIFT · 咖啡COFFEE · 餐点MEAL

精典書店
Clessence Bookstore

1200bookshop
GUANGZHOU